3年

実力アップ 英語 練習ノート

アルファベットの練習ができる!

年	組	名前

「英語練習ノート」はとりはずして使用できます。

1 アルファベット　大文字　A〜D

A B C D E F G H I J K L M N O P Q R S T U V W X Y Z

✿ **読みながらなぞって、3回書きましょう。**　　※書きじゅんは一つのれいです。　●…書き出し

①

A　A A A A A A

APPLE

APPLE　APPLE

② B

B B B B B

BOOK

BOOK　BOOK

③ C

C C C C C

CAT

CAT　CAT

④ D

D D D D D D

DOG

DOG　DOG

2 アルファベット　大文字　E～H

A B C D **E F G H** I J K L M N O P Q R S T U V W X Y Z

❈ 読みながらなぞって、3回書きましょう。　※書きじゅんは一つのれいです。　●…書き出し

⑤ E

EGG

⑥ F

FISH

⑦ G

GLOVE

⑧ H

HAT

3 アルファベット　大文字　I〜L

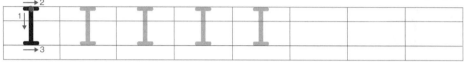

A B C D E F G H **I J K L** M N O P Q R S T U V W X Y Z

❀ 読みながらなぞって、3回書きましょう。　※書きじゅんは一つのれいです。　●…書き出し

⑨
I

INK

I I I I I

INK　　INK

⑩
J

JAM

J J J J J

JAM　　JAM

⑪
K

KING

K K K K K

KING　　KING

⑫
L

LEMON

L L L L L

LEMON　LEMON

4 アルファベット　大文字　M〜P

🎴 読みながらなぞって、3回書きましょう。　　※書きじゅんは一つのれいです。　●…書き出し

⑬

M M M M M

MOON

MOON MOON

⑭

N N N N N

NOTEBOOK

NOTEBOOK NOTEBOOK

⑮

O O O O O

ORANGE

ORANGE ORANGE

⑯

P P P P P

PIANO

PIANO PIANO

5 アルファベット　大文字　Q～T

❖ 読みながらなぞって、3回書きましょう。　※書きじゅんは一つのれいです。　●…書き出し

⑰

Q Q Q Q Q Q

QUEEN QUEEN

QUEEN

⑱ R

R R R R R R

RING RING

RING

⑲ S

S S S S S S

SUN SUN

SUN

⑳ T

T T T T T T

TREE TREE

TREE

6

6 アルファベット　大文字　U～W

❀ **読みながらなぞって、3回書きましょう。**　※書きじゅんは一つのれいです。　●…書き出し

㉑

U

UMBRELLA

㉒

V

VIOLIN

㉓

W

WATCH

7

7 アルファベット　大文字　X〜Z

A B C D E F G H I J K L M N O P Q R S T U V W **X Y Z**

✿ 読みながらなぞって、3回書きましょう。　※書きじゅんは一つのれいです。　●…書き出し

㉔ X

BOX

㉕ Y

YACHT

㉖ Z

ZOO

8 アルファベット　小文字　a〜d

a b c d e f g h i j k l m n o p q r s t u v w x y z

❀ 読みながらなぞって、3回書きましょう。　※書きじゅんは一つのれいです。　●…書き出し

① a
apple
a a a a a
apple　apple

② b
book
b b b b b
book　book

③ c
cat
c c c c c
cat　cat

④ d
dog
d d d d d
dog　dog

9 アルファベット　小文字　e〜h

a b c d **e f g h** i j k l m n o p q r s t u v w x y z

読みながらなぞって、3回書きましょう。　　※書きじゅんは一つのれいです。　●…書き出し

⑤ e

e e e e e

egg

egg

egg

⑥ f

f f f f f

fish

fish

fish

⑦ g

g g g g g

glove

glove

glove

⑧ h

h h h h h

hat

hat

hat

10 アルファベット　小文字　i〜l

a b c d e f g h **i j k l** m n o p q r s t u v w x y z

❀ 読みながらなぞって、3回書きましょう。　※書きじゅんは一つのれいです。　●…書き出し

⑨

ink

⑩

jam

⑪

king

⑫

lemon

11 アルファベット　小文字　m〜p

a b c d e f g h i j k l **m n o p** q r s t u v w x y z

🟦 読みながらなぞって、３回書きましょう。　※書きじゅんは一つのれいです。　●…書き出し

⑬

m

moon

m m m m m

moon　moon

⑭

n

n n n n n

notebook

notebook notebook

⑮

o

o o o o o

orange

orange　orange

⑯

p

p p p p p

piano

piano　piano

12 アルファベット　小文字　q〜t

a b c d e f g h i j k l m n o p **q r s t** u v w x y z

❀ 読みながらなぞって、3回書きましょう。　※書きじゅんは一つのれいです。　●…書き出し

⑰
q

queen

queen　　queen

⑱
r

ring

ring　　ring

⑲
s

sun

sun　　sun

⑳
t

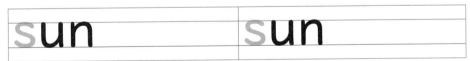

tree

tree　　tree

13 アルファベット　小文字　u～w

a b c d e f g h i j k l m n o p q r s t **u v w** x y z

📖 読みながらなぞって、３回書きましょう。　※書きじゅんは一つのれいです。　●…書き出し

㉑

u

umbrella

| u | u | u | u | u | | |

umbrella　umbrella

㉒

v

violin

| v | v | v | v | v | | |

violin　　violin

㉓

w

watch

| w | w | w | w | w | | |

watch　　watch

14 アルファベット　小文字　x〜z

a b c d e f g h i j k l m n o p q r s t u v w **x y z**

📛 読みながらなぞって、3回書きましょう。　※書きじゅんは一つのれいです。　●…書き出し

㉔ x

x x x x x

box

bo x　　bo x

㉕ y

y y y y y

yacht

yacht　　yacht

㉖ z

z z z z z

zoo

zoo　　zoo

15 アルファベット　Aa〜Zz

読みながらなぞって書きましょう。

大文字

① A B C D E F G H I

② J K L M N O P Q R

③ S T U V W X Y Z

小文字

④ a b c d e f g h i

⑤ j k l m n o p q r

⑥ s t u v w x y z

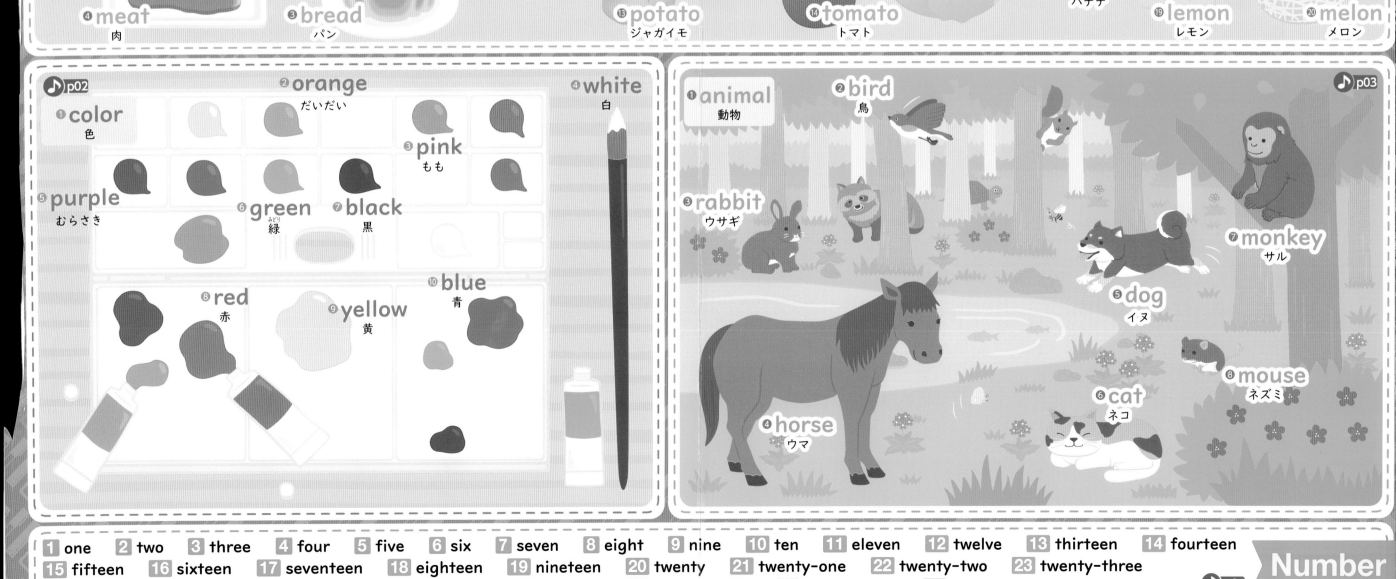

❶ food 食べ物 ♪p01

- ❷ rice ごはん、米
- ❸ bread パン
- ❹ meat 肉
- ❺ fish 魚
- ❻ egg たまご
- ❼ drink 飲み物
- ❽ milk 牛乳
- ❾ water 水
- ❿ vegetable やさい
- ⓫ carrot ニンジン
- ⓬ onion タマネギ
- ⓭ potato ジャガイモ
- ⓮ tomato トマト
- ⓯ fruit くだもの
- ⓰ peach モモ
- ⓱ apple リンゴ
- ⓲ banana バナナ
- ⓳ lemon レモン
- ⓴ melon メロン

♪p02 ❶ color 色

- ❷ orange だいだい
- ❸ pink もも
- ❹ white 白
- ❺ purple むらさき
- ❻ green 緑
- ❼ black 黒
- ❽ red 赤
- ❾ yellow 黄
- ❿ blue 青

♪p03 ❶ animal 動物

- ❷ bird 鳥
- ❸ rabbit ウサギ
- ❹ horse ウマ
- ❺ dog イヌ
- ❻ cat ネコ
- ❼ monkey サル
- ❽ mouse ネズミ

Number ♪p04

1 one	2 two	3 three	4 four	5 five	6 six	7 seven	8 eight	9 nine	10 ten	11 eleven	12 twelve	13 thirteen	14 fourteen
15 fifteen	16 sixteen	17 seventeen	18 eighteen	19 nineteen	20 twenty	21 twenty-one	22 twenty-two	23 twenty-three					
24 twenty-four	25 twenty-five	26 twenty-six	27 twenty-seven	28 twenty-eight	29 twenty-nine	30 thirty							

わくわく英語カード

3年

教科書ワーク

スピーキング
アプリ対応

---

3 イチゴ

7 メロン

11 ジャガイモ

15 米 ライス

4 オレンジ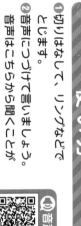

8 レモン

12 ニンジン

16 パン

1 リンゴ

5 ブドウ

9 サクランボ

13 タマネギ

17 サラダ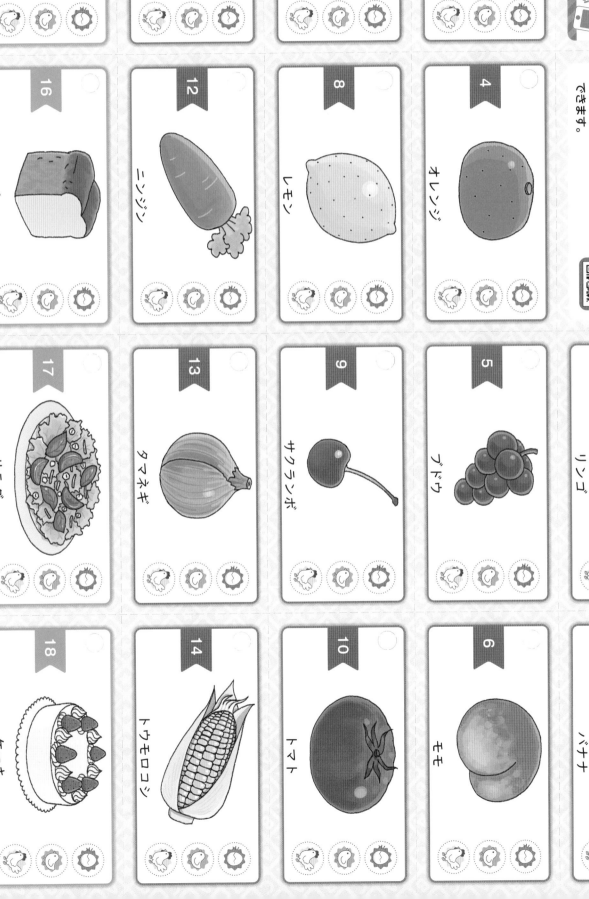

2 バナナ

6 モモ

10 トマト

14 トウモロコシ

18 ケーキ

❸日本語を見て英語を言いましょう。

英語がわからったら

おぼえて何回も言えたら

かんぺきだと思ったら

それぞれのアイコンを丸で囲みましょう。

1
♪c01

apple

[1つのリンゴ] は
an apple と言うよ。

2
♪c01

banana

3
♪c01

strawberry

2ついじょうは
strawberries だよ。

4
♪c01

orange

[だいだい色] も
orange と言うよ。

5
♪c01

grapes

a grape は [ブドウ
1つぶ] だよ。

6
♪c01

peach

2ついじょうは peaches
だよ。

7
♪c01

melon

8
♪c01

lemon

9
♪c01

cherry

2ついじょうは cherries
だよ。

10
♪c01

tomato

2ついじょうは tomatoes
だよ。

11
♪c01

potato

2ついじょうは potatoes
だよ。

12
♪c01

carrot

13
♪c01

onion

14
♪c01

corn

15
♪c02

rice

16
♪c02

bread

17
♪c02

salad

18
♪c02

cake

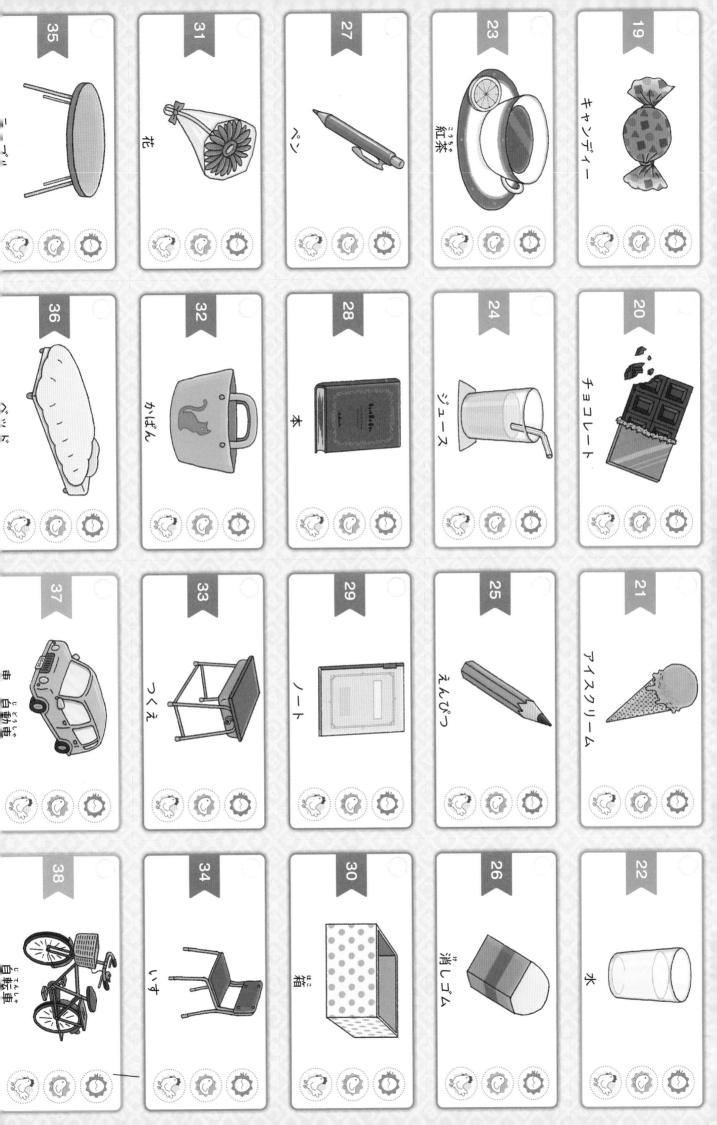

19 キャンディー

23 紅茶

27 ペン

31 花

35 テーブル

20 チョコレート

24 ジュース

28 本

32 かばん

36 ベッド

21 アイスクリーム

25 えんぴつ

29 ノート

33 つくえ

37 車 自転車

22 水

26 消しゴム

30 箱

34 いす

38 自転車

19 ♪ c02	candy
20 ♪ c02	chocolate
21 ♪ c02	ice cream
22 ♪ c02	water
23 ♪ c02	tea 「緑茶」は green tea と言うよ。
24 ♪ c02	juice
25 ♪ c03	pencil
26 ♪ c03	eraser 「1つの消しゴム」は an eraser と言うよ。
27 ♪ c03	pen
28 ♪ c03	book
29 ♪ c03	notebook
30 ♪ c03	box 2ついじょうは boxes だよ。
31 ♪ c03	flower
32 ♪ c03	bag
33 ♪ c03	desk
34 ♪ c03	chair
35 ♪ c03	table
36 ♪ c03	bed
37 ♪ c04	car
38 ♪ c04	bike bicycle という言い方も あるよ。

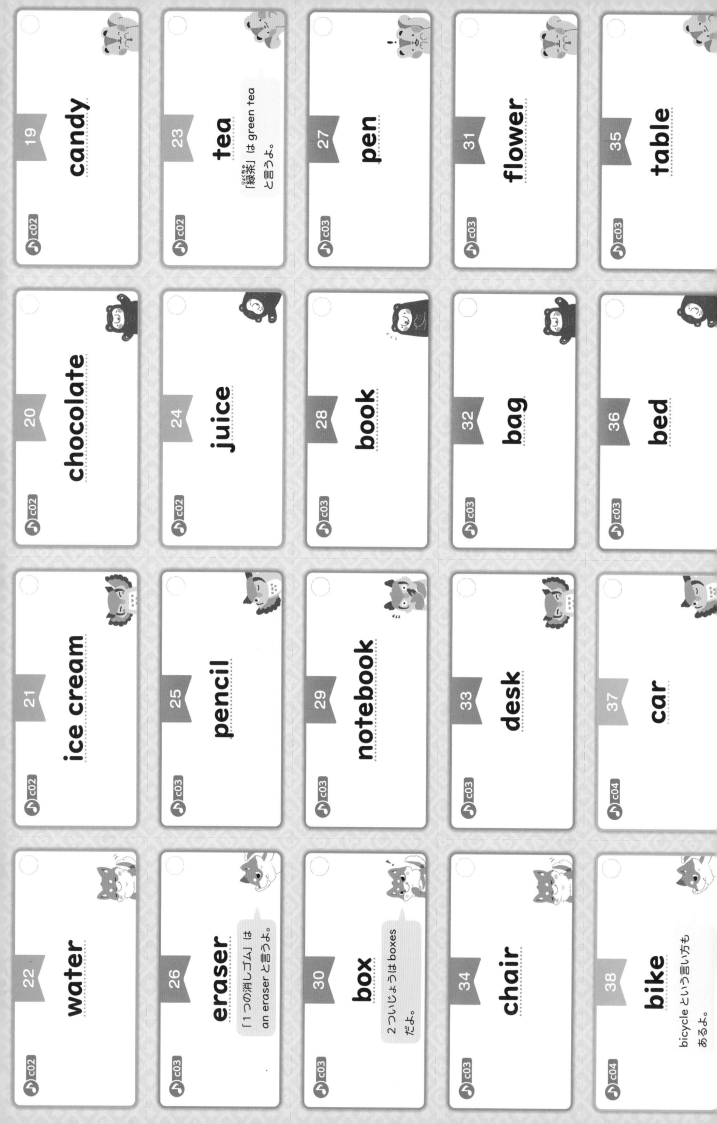

55	51	47	43	39
イヌ	ウマ	トラ	飛行機	バス

56	52	48	44	40
イノシシ	ヒツジ	ウサギ	地下鉄	タクシー

57	53	49	45	41
ネコ	サル	リュウ	ネズミ	電車

58	54	50	46	42
鳥	ニワトリ	ヘビ	ウシ	船

♪ c04　39
bus
2台いじょうは buses
だよ。

♪ c04　40
taxi

♪ c04　41
train

♪ c04　42
ship
小さいものは boat
（ボート）と言うよ。

♪ c04　43
airplane

♪ c04　44
subway

♪ c05　45
mouse
大きいものは rat と
言うよ。

♪ c05　46
cow

♪ c05　47
tiger

♪ c05　48
rabbit

♪ c05　49
dragon

♪ c05　50
snake

♪ c05　51
horse

♪ c05　52
sheep

♪ c05　53
monkey

♪ c05　54
chicken
「おんどり」は rooster、
「めんどり」は hen と言うよ。

♪ c05　55
dog

♪ c05　56
wild boar

♪ c05　57
cat

♪ c05　58
bird

75	71 おこった	67 黄	63 水泳	59 サッカー
76 いそがしい	72 元気な	68 もも	64 赤	60 野球
77 よい	73 ねむい	69 楽しい、幸せな	65 青	61 バスケットボール
78 すばらしい、すごい	74 空腹な	70 悲しい	66 緑	62 テニス

59 🎵 c06 soccer	60 🎵 c06 baseball	61 🎵 c06 basketball	62 🎵 c06 tennis
63 🎵 c06 swimming	64 🎵 c07 red	65 🎵 c07 blue	66 🎵 c07 green
67 🎵 c07 yellow	68 🎵 c07 pink	69 🎵 c08 happy	70 🎵 c08 sad
71 🎵 c08 angry	72 🎵 c08 fine 「天気がよい」という意味もあるよ。	73 🎵 c08 sleepy	74 🎵 c08 hungry
75 🎵 c08 tired	76 🎵 c08 busy	77 🎵 c08 good 「悪い」は bad だよ。	78 🎵 c08 great 「いだいな、すぐれた」という意味もあるよ。

この本のくわしい使い方

小学教科書ワークでは 小学校の英語学習 ・ 重要単語の練習 ・ 重要表現のまとめ の3つの柱で
小学校で習う英語を楽しくていねいに学習できます。ここではそれぞれの学習の流れを紹介します。

小学校の英語学習

① きほんのワーク

QRコードを読み取ると音声が流れるよ！
リズムにあわせて楽しく練習！

QRコードを読み取ると動画が再生できるよ！
リズムにあわせてはつわ練習！

ことば編

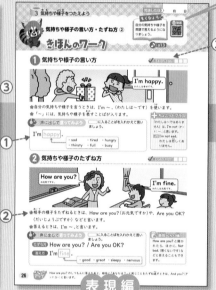

表現編

わくわく動画

リズムにあわせて表現の練習！

自己表現の練習も！

①新しく習う英語を音声につづいて大きな声で言おう。
- ことば編 では、その単元で学習する単語をリズムにあわせて音読するよ。
- 表現編 では、さいしょにわくわく動画を見ながら、その単元で学習する表現を確認するよ。
  - It's your turn!（あなたの番です）が出たら、画面に出ている英語をはつわしよう。
②新しく習う表現についてのせつめいを読もう。
③声に出して言えたら、□にチェックをつけよう。

重要単語の練習

① 英語練習ノート

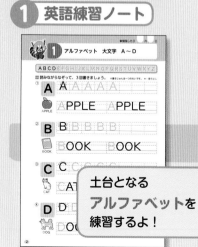

土台となる
アルファベットを
練習するよ！

② わくわく英語カード

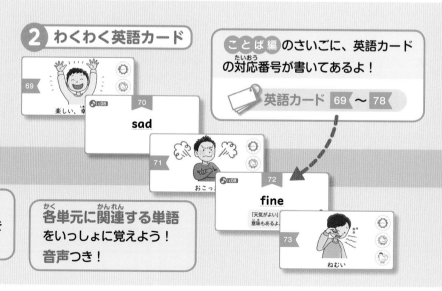

各単元に関連する単語
をいっしょに覚えよう！
音声つき！

ことば編 のさいごに、英語カード
の対応番号が書いてあるよ！

英語カード 69 〜 78

※QRコードは（株）デンソーウェーブの登録商標です。

英語音声の再生方法は
5ページを見よう！

リョウ
Ryo

② 書いて練習のワーク　③ 聞いて練習のワーク　④ まとめのテスト

QRコードから問題の音声
が聞けるよ。

④新しく習ったことばや表現を書いて練習しよう。声に出して言いながら書くと効果的だよ。

⑤音声を聞いて問題に答えよう。聞きとれなかったら、もう一度聞いてもOK。

⑥解答集を見て答え合わせをしよう。読まれた音声も確認！

⑦確認問題にチャレンジ！問題をよく読もう。時間を計ってね。

⑧解答集を見て答え合わせをしよう。

③ はつおん上達アプリおん達でアウトプット！

おん達ではつおん
練習ができるよ！

おん達の使い方・アクセス
コードは4ページを見よう！

ヒナ
Hina

アプリで練習!
重要表現まるっと整理

QRコードを読み取ると
会話の音声が聞けるよ!

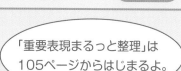
はつおん上達アプリおん達
にも対応しているよ。

「重要表現まるっと整理」は
105ページからはじまるよ。

Adra

さいごにまとめとして使って
もよいし、日ごろの学習に
プラスしてもよいね!

Oliver

アプリ・音声について

この本のふろくのすべてのアクセスコードは **E2GKCF6a** です。

☆文理のはつおん上達アプリ おん達

- 「重要表現まるっと整理」と「わくわく英語カード」のはつわ練習ができます。
- お手本の音声を聞いて、自分の発音をふきこむとAIが点数をつけます。
- 何度も練習し、高得点を目ざしましょう。
- 右のQRコードからダウンロードページへアクセスし、
  上記のアクセスコードを入力してください。
- アクセスコード入力時から15か月間ご利用になれます。
- 【推奨環境】スマートフォン、タブレットなど(iOS11以上、Android8.0以上)

おん達
ダウンロード

※音声配信サービスおよび「おん達」は無料ですが、別途各通信会社の通信料がかかります。
※お客様のネット環境および端末によりご利用いただけない場合がございます。ご理解、ご了承いただきますよう、お願いいたします。

実力判定テスト

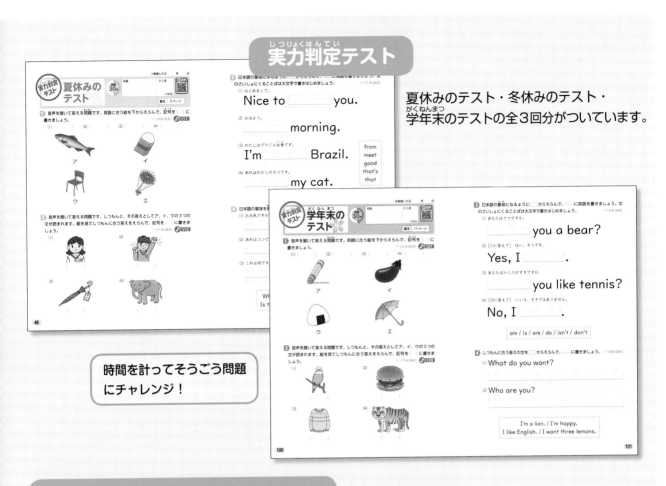

夏休みのテスト・冬休みのテスト・学年末のテストの全3回分がついています。

時間を計ってそうごう問題にチャレンジ！

CBT(Computer Based Testing)

◆CBTの使い方
1. BUNRI-CBT(https://b-cbt.bunri.jp)に PC・タブレットでアクセス。
2. ログインして、4ページのアクセスコードを入力。

WEB上のテストにちょうせん。成績表で苦手チェック！

★ 英語音声の再生方法

●英語音声があるものには 🎵a01 がついています。音声は以下の3つの方法で再生することができます。

①QRコードを読み取る：
  各単元の冒頭についている音声QRコードを読み取ってください。

②音声配信サービスonhaiから再生する：
  WEBサイト https://listening.bunri.co.jp/へアクセスしてください。

③音声をダウンロードする：
  文理ホームページよりダウンロードも可能です。
  URL　https://portal.bunri.jp/b-desk/e2gkcf6a.html
  ②・③では4ページのアクセスコードを入力してください。

アルバファベット 大文字

A B C D E

F G H I J

K L M N

O P Q R

S T U V W

X Y Z

6

★ リズムに合わせて、声に出して言いましょう。 ✓言えたらチェック □□□

🔊音声 ♪a01

a b c d e

f g h i j

k l m n

o p q r

s t u v w

x y z

7

もくひょう

ＡａからＩｉまでのアルファベットの大文字と小文字をおぼえましょう。

音声

アルファベット　Ａａ〜Ｉｉ

きほんのワーク

アルファベットをおぼえよう！

⭐ 音声につづいて、声に出して言いましょう。　✓言えたらチェック □□□　♪a02

A a
APPLE / apple

B b
BOOK / book

C c
CAT / cat

D d
DOG / dog

E e
EGG / egg

F f
FISH / fish

G g
GLOVE / glove

H h
HAT / hat

I i
INK / ink

ワードボックス　　　　　　　　　　　　　　　　　♪a03

□ apple　リンゴ　　□ book　本　　□ cat　ネコ　　□ dog　イヌ　　□ egg　たまご

□ fish　魚　　□ glove　グローブ、手ぶくろ　　□ hat　（ふちのある）ぼうし　　□ ink　インク

😊 発音コーチ

Aa は「エイ」のほかに、口を横に開いて「ア」という発音もあります。「エイ」の読み方を「名前読み」、「ア」の読み方を「音読み」と言います。アルファベットの「音読み」に注意しましょう。

書いて練習のワーク

⭐ 読みながらなぞって、3回ずつ書きましょう。 ※書きじゅんは一つのれいです。●…書き出し

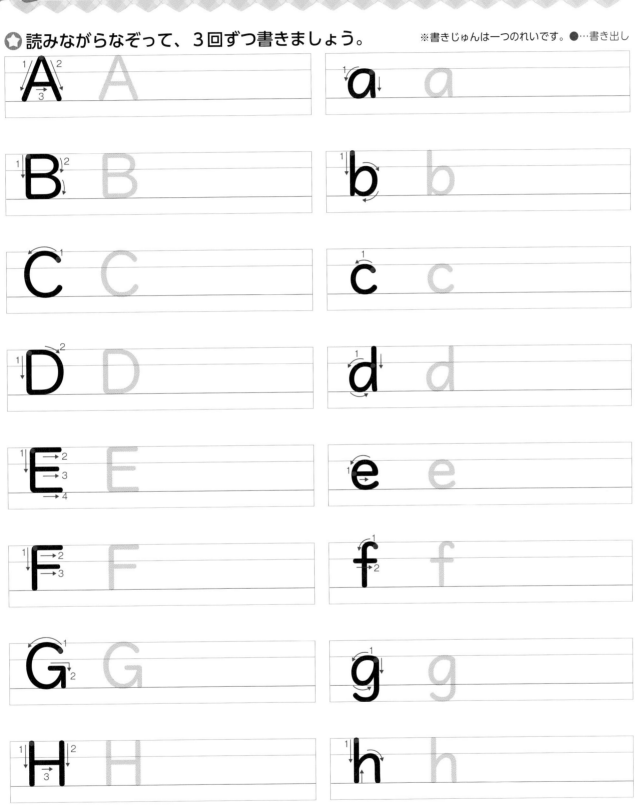

 「アルファベット（alphabet）」ということばは、ギリシア文字のさいしょの2文字、α（アルファ）とβ（ベータ）からきたと言われているよ。

アルファベット　Jj〜Rr

きほんのワーク

アルファベットをおぼえよう！

⭐ 音声につづいて、声に出して言いましょう。　✓ 言えたらチェック □□□　♪ a04

□ J j

JAM / jam

□ K k

KING / king

□ L l

LEMON / lemon

□ M m
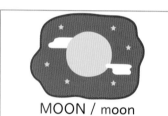
MOON / moon

□ N n

NOTEBOOK / notebook

□ O o

ORANGE / orange

□ P p

PIANO / piano

□ Q q

QUEEN / queen

□ R r

RING / ring

ワードボックス　♪ a05

□ jam ジャム	□ king 王	□ lemon レモン	□ moon 月	□ notebook ノート
□ orange オレンジ	□ piano ピアノ	□ queen 女王	□ ring ゆびわ	

 発音コーチ

Rrは「アール」とは言わずに、「アー」と言いながら舌の先をのどのおくのほうに向けて丸めて発音します。

書いて練習のワーク

⭐ 読みながらなぞって、3回ずつ書きましょう。　　※書きじゅんは一つのれいです。●…書き出し

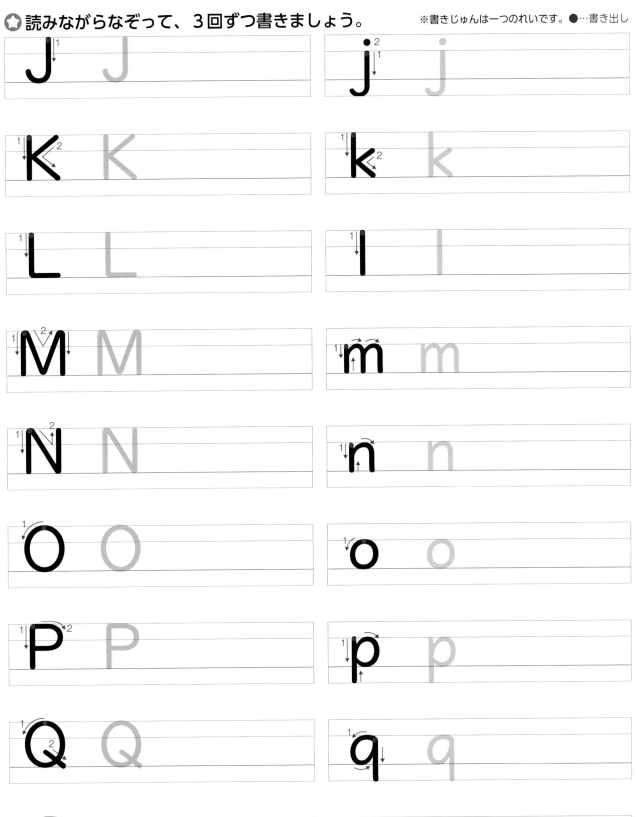

勉強した日　月　日

もくひょう

SsからZzまでのアルファベットの大文字と小文字をおぼえましょう。

 音声

アルファベット　Ss〜Zz

きほんのワーク

アルファベットをおぼえよう！

😊 音声につづいて、声に出して言いましょう。　✓言えたらチェック □□□　♪ a06

☐ **S s**

SUN / sun

☐ **T t**

TREE / tree

☐ **U u**

UMBRELLA / umbrella

☐ **V v**

VIOLIN / violin

☐ **W w**

WATCH / watch

☐ **X x**

BOX / box

☐ **Y y**

YACHT / yacht

☐ **Z z**

ZOO / zoo

がんばって
おぼえよう！

ワードボックス

♪ a07

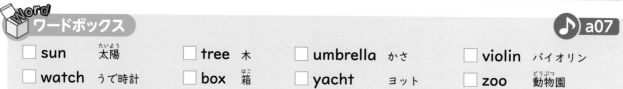

☐ sun　太陽（たいよう）　　☐ tree　木　　☐ umbrella　かさ　　☐ violin　バイオリン

☐ watch　うで時計　　☐ box　箱（はこ）　　☐ yacht　ヨット　　☐ zoo　動物園（どうぶつえん）

発音コーチ

Zzはアメリカ英語では「ズィー」と発音（はつおん）しますが、イギリス英語では「ゼッド」と発音します。このように英語は話されるちいきなどによって発音がちがうこともあります。

書いて練習のワーク

⭐ 読みながらなぞって、3回ずつ書きましょう。　　※書きじゅんは一つのれいです。●…書き出し

S S S　　s s s

T T T　　t t t

U U U　　u u u

V V V　　v v v

W W W　　w w w

X X X　　x x x

Y Y Y　　y y y

Z Z Z　　z z z

 英語のマンガなどで、「グーグー」といういびきの音は、ZZZ [zzz] と表すよ。

13

聞いて練習のワーク

答え 1 ページ

1 音声を聞いて、読まれたほうのアルファベットの（　）に〇を書きましょう。

(1)　A　　　I　　　　(2)　U　　　Q　　♪ t01

（　　　）　（　　　）　　　　（　　　）　（　　　）

(3)　B　　　P　　　　(4)　D　　　T

（　　　）　（　　　）　　　　（　　　）　（　　　）

(5)　g　　　j　　　　(6)　m　　　n

（　　　）　（　　　）　　　　（　　　）　（　　　）

(7)　b　　　d　　　　(8)　p　　　q

（　　　）　（　　　）　　　　（　　　）　（　　　）

2 音声を聞いて、読まれたじゅんにアルファベットを線でむすびましょう。♪ t02

(1)

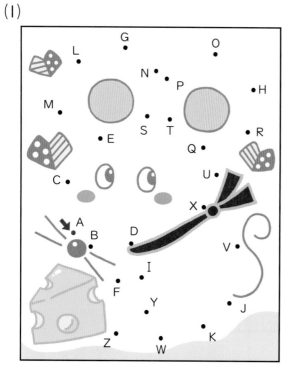

(2)

まとめのテスト

アルファベット　Aa〜Zz

とく点

/50点

答え 1ページ

時間 20分

1 アルファベットじゅんにならべかえて、⬚⬚に書きましょう。　1つ6点〔24点〕

(1) CFADBE

(2) KIHLMJ

(3) sprtoq

(4) xuywzv

2 アルファベットじゅんになるように、(1)は大文字で、(2)は小文字で ⬚⬚ に書きましょう。　1つ1点〔26点〕

(1)
A ⬚ C ⬚ E ⬚ ⬚ H I

⬚ K L ⬚ ⬚ O P ⬚ ⬚

S ⬚ ⬚ V ⬚ X ⬚ Z

(2)
a ⬚ c ⬚ ⬚ f ⬚ h ⬚

⬚ k l ⬚ ⬚ o p q ⬚

s ⬚ ⬚ ⬚ w x ⬚ z

15

もくひょう・

英語であいさつを言えるようになりましょう。

あいさつ

きほんのワーク

♪ a08

① はじめて会ったときのあいさつ

☑言えたらチェック □□□

Hello. Nice to meet you.
こんにちは。はじめまして。

Hi. Nice to meet you, too.
やあ。こちらこそ、はじめまして。

✿「はじめまして」は、Nice to meet you.と言います。相手から言われたときは、
Nice to meet you, too.（こちらこそ、はじめまして）と答えます。

✿Hello.（こんにちは／やあ）は一日中使えます。Hi.はくだけた言い方です。

🎧 **声に出して言ってみよう**　次の英語を言いましょう。

動画を見て
言ってみよう。

Nice to meet you. — Nice to meet you, too.

② ふだんのあいさつ

☑言えたらチェック □□□

Good morning.
おはよう。

Good evening.
こんばんは。

Good afternoon.
こんにちは。

See you.
またね。

Goodbye.
さようなら。

✿朝はGood morning.（おはよう）、午後はGood afternoon.（こんにちは）、夜は
Good evening.（こんばんは）とあいさつします。

✿わかれるときは、Goodbye.（さようなら）やSee you.（またね）などと言います。

🎧 **声に出して言ってみよう**　次の英語を言いましょう。

📝 **表現べんり帳**

ねるときのあいさつ

・Good night.［グ（ドゥ）
ナイト］

「おやすみなさい」

朝 **Good morning.**　午後 **Good afternoon.**
夜 **Good evening.**　わかれ **Goodbye. / See you.**

ステップ
アップ

はじめて会ったときのあいさつは、Nice to meet you. のほかに、How do you do?［ハウ ドゥー ユー ドゥー］などもあります。

書いて練習のワーク

☆ 読みながらなぞって、もう１回書きましょう。

Nice to meet you.

はじめまして。

Nice to meet you, too.

こちらこそ、はじめまして。

Hello.　　　　Hi.

こんにちは。/ やあ。

Good morning.

おはよう。

Good afternoon.

こんにちは。

Good evening.

こんばんは。

Goodbye.　　　　See you.

さようなら。/ またね。

🎧 聞く
🎤 話す
📖 読む
✏️ 書く

 英語の トビラ 英語には、日本語の「ただいま」「おかえり」にぴったりと合う言い方はないよ。I'm home.［アイム ホウム］（今、帰りました）と言うこともあるけど、決まった言い方ではないよ。

# 2 英語であいさつをしよう

じこしょうかい ①

きほんのワーク

勉強した日　月　日

もくひょう

国の名前を英語で言えるようになりましょう。

音声

国名を表すことばをおぼえよう

⭐ リズムに合わせて、声に出して言いましょう。 ✓言えたらチェック □□□ 🎵a09

☐ **America** アメリカ

☐ **Australia** オーストラリア

☐ **Brazil** ブラジル

☐ **China** 中国

☐ **Egypt** エジプト

☐ **Germany** ドイツ

☐ **India** インド

☐ **Japan** 日本

☐ **Korea** 韓国

**ワードボックス** 🎵a10

☐ Canada カナダ　☐ Finland フィンランド　☐ France フランス　☐ Ghana ガーナ
☐ Italy イタリア　☐ Kenya ケニア　☐ Peru ペルー　☐ Spain スペイン

発音コーチ

カタカナ語との発音のちがいや、強く読むところに気をつけましょう。
America　Australia　Brazil　Japan　Korea

※▼のついているところが強く読むところです。

-

書いて練習のワーク

⭐ 読みながらなぞって、2回書きましょう。

America

アメリカ

Australia

オーストラリア

Brazil

ブラジル

China

中国

Egypt

エジプト

Germany

ドイツ

India

インド

Japan

日本

Korea

韓国

 America という名前はイタリア人のたんけん家、アメリゴ・ベスプッチにちなんでつけられたよ。ベスプッチはアメリカがアジア大陸とはべつの、新しい大陸であるとしゅちょうしたよ。

じこしょうかい ②

きほんのワーク

♪a11

① 名前と出身地の言い方（しゅっしん）

✔言えたらチェック □□□

I'm Ken. I'm from Japan.
わたしはケンです。わたしは日本出身です。

✿「わたしは〜です」は、I'm 〜 . と言います。

✿「わたしは〜出身です」は、I'm from 〜 . と言います。

🎧〈声に出して言ってみよう〉　□に入ることばを入れかえて言いましょう。

I'm Ken . I'm from Japan .
・Lisa ・Nanda ・Mei　　・America ・India ・China

➕ちょこっとプラス
I'm は I am［アイ アム］を短くした言い方です。I は「わたしは」「ぼくは」という意味で、いつも大文字で表します。

② 名前のたずね方

✔言えたらチェック □□□

What's your name?
あなたの名前は何ですか。

My name is Saori.
わたしの名前はサオリです。

✿「あなたの名前は何ですか」は、What's your name? と言います。

✿答えるときは、I'm 〜 . や、My name is 〜 .（わたしの名前は〜です）と言います。

🎧〈声に出して言ってみよう〉　□に入ることばを入れかえて言いましょう。

たずね方 **What's your name?**

答え方 **My name is Saori .**
・Ken ・Emi ・Taku

➕ちょこっとプラス
What's は What is［(フ)ワット イズ］を短くした言い方です。what は「何」という意味です。

ステップアップ　英語では、ふつう名前のあとに名字（みょうじ）を言います。ただし、日本人はふつう名字のあとに名前を言います。
れい My name is Yamamoto Ken. わたしの名前は山本ケンです。

書いて練習のワーク

☆ 読みながらなぞって、もう1回書きましょう。

I'm Ken.

わたしはケンです。

I'm Lisa.

わたしはリサです。

I'm from Japan.

わたしは日本出身です。

I'm from America.

わたしはアメリカ出身です。

What's your name?

あなたの名前は何ですか。

My name is Saori.

聞く
話す
読む
書く

わたしの名前はサオリです。

英語のトビラ アメリカ合衆国の正式な名前は the United States of America [ザ ユーナイティド ステイツ アブ アメリカ] と言うよ。(the) U.S. や U.S.A. と短く言うことも多いよ。

21

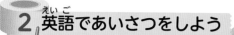

聞いて練習のワーク

できた数

／7問中

音声

答え 2 ページ

1 音声を聞いて、英語に合う絵を下からえらんで、記号を（　）に書きましょう。

(1) (　　　)　　(2) (　　　)　　(3) (　　　)　　(4) (　　　)　　t03

ア

イ

ウ

エ

2 音声を聞いて、だれがどこの国の出身か線でむすびましょう。　t04

Shukra

Jin

Emily

Korea

Australia

Egypt

まとめのテスト

あいさつ、じこしょうかい

とく点

/50点

答え 2ページ

時間 20分

1 日本語の意味を表す英語を線でむすびましょう。

1つ5点〔20点〕

(1) おはよう。 ・

(2) こんにちは。 ・

(3) こんばんは。 ・

(4) さようなら。 ・

・ Good evening.

・ Good afternoon.

・ Goodbye.

・ Good morning.

2 日本語の意味を表す英語の文を ⬚ からえらんで、▭ に書きましょう。

(1) はじめまして。

1つ10点〔30点〕

(2) わたしの名前はタクです。

(3) あなたの名前は何ですか。

What's your name?
Nice to meet you.
My name is Taku.

勉強した日 ▶ 　月　　日

気持ちや様子の言い方・たずね方 ①

きほんのワーク

🔊音声

気持ちや様子を表すことばをおぼえよう！

⭐リズムに合わせて、声に出して言いましょう。 ✔言えたらチェック ☐☐☐ 🎵a12

☐ **happy**
楽しい、幸せな

☐ **sad**
悲しい

☐ **sleepy**
ねむい

☐ **fine**
元気な

☐ **tired**
つかれた

☐ **hungry**
空腹な

☐ **thirsty**
のどがかわいた

☐ **full**
おなかがいっぱいの

☐ **good**
よい

☐ **great**
すばらしい、すごい

☐ **nervous**
きんちょうして

☐ **busy**
いそがしい

書いて練習のワーク

⭐ 読みながらなぞって、1〜2回書きましょう。

happy
楽しい、幸せな

sad
悲しい

fine
元気な

busy
いそがしい

good
よい

great
すばらしい、すごい

sleepy
ねむい

thirsty
のどがかわいた

nervous
きんちょうして

hungry
空腹な

full
おなかがいっぱいの

tired
つかれた

聞く
話す
読む
書く

英語のトビラ くしゃみは日本語では「ハクション」と言うけど、英語では atchoo(achoo)［アチュー］と言うよ。

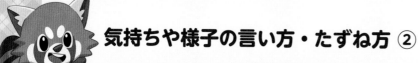

3 気持ちや様子をつたえよう

もくひょう
自分の気持ちや様子を英語で言えるようになりましょう。

▶動画

気持ちや様子の言い方・たずね方 ②

きほんのワーク

♪a13

1 気持ちや様子の言い方

✓言えたらチェック　□□□

I'm happy.
わたしは幸せです。

✿自分の気持ちや様子を言うときは、I'm 〜 . (わたしは〜です) を使います。

✿「〜」には、気持ちや様子を表すことばが入ります。

🎧 **声に出して言ってみよう**　　□に入ることばを入れかえて言いましょう。

I'm happy .

- sad　　• tired　• hungry
- thirsty　• full　• busy

＋ちょこっとプラス

「わたしは〜ではありません」は、I'm not [ナット] 〜 . と言います。
れい I'm not sad.
わたしは悲しくありません。

2 気持ちや様子のたずね方

✓言えたらチェック　□□□

How are you?
お元気ですか。

I'm fine.
わたしは元気です。

✿相手の様子をたずねるときは、How are you? (お元気ですか) や、Are you OK? (だいじょうぶですか) などと言います。

✿答えるときは、I'm 〜 . と言います。

🎧 **声に出して言ってみよう**　　□に入ることばを入れかえて言いましょう。

たずね方 **How are you? / Are you OK?**

答え方 **I'm** fine .

- good　•great　• sleepy　• nervous

📝表現べんり帳

How are you? と聞かれたら、ほかに、Not bad. (悪くないです) などと答えることもできます。

How are you? のしつもんに答えたあと、相手に「あなたは？」と同じことをたずね返すときは、And you? [アンドユー] と言います。

26

書いて練習のワーク

☆ 読みながらなぞって、もう1回書きましょう。

I'm happy.

わたしは幸せです。

I'm sad.

わたしは悲しいです。

I'm tired.

わたしはつかれています。

I'm thirsty.

わたしはのどがかわいています。

How are you?

お元気ですか。

I'm fine.

わたしは元気です。

Are you OK?

だいじょうぶですか。

I'm sleepy.

わたしはねむいです。

アメリカやイギリスでは、くしゃみをした人に、(God) Bless you! [(ガッド) ブレス ユー] (お大事に) と言うよ。
言われた人は、Thank you. [サンキュー] (ありがとう) と答えるよ。

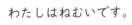

27

聞いて練習のワーク

できた数

／9問中

 音声

答え　2ページ

1 音声を聞いて、絵のないようと合っていれば○、合っていなければ×を（　）に書きましょう。 t05

(1)
（　　　　　）

(2)
（　　　　　）

(3)
（　　　　　）

(4)
（　　　　　）

2 音声を聞いて、だれがどんな様子か線でむすびましょう。 t06

 Taku　 Emi　 Ken　 Yuki　 Satoru

 happy　 sleepy　 hungry　 sad　 fine

まとめのテスト

気持ちや様子の言い方・たずね方

とく点

/50点

答え　2ページ

時間 20分

1 英語の意味を表す日本語を ⸽⸽⸽⸽ からえらんで、（　）に書きましょう。　1つ6点〔30点〕

(1) hungry　　　　　　　　　　　（　　　　　　　　　）

(2) sleepy　　　　　　　　　　　（　　　　　　　　　）

(3) happy　　　　　　　　　　　（　　　　　　　　　）

(4) full　　　　　　　　　　　　（　　　　　　　　　）

(5) tired　　　　　　　　　　　（　　　　　　　　　）

> 楽しい　ねむい　悲しい　つかれた
> 空腹な　おなかがいっぱいの

2 日本語の意味を表す英語の文を ⸽⸽⸽⸽ からえらんで、══ に書きましょう。

(1) お元気ですか。
　　　　　　　　　　　　　　　　　　　　　　　　　1つ10点〔20点〕

(2) [(1)に答えて] わたしは元気です。

> I'm fine. / I'm hungry.
> How are you? / What's your name?

聞く
話す
読む
書く

身の回りのものについての言い方 ①

きほんのワーク

もくひょう・
身の回りのものを英語で言えるようになりましょう。

◎音声

身の回りのものを表すことばをおぼえよう！

★ リズムに合わせて、声に出して言いましょう。　✔言えたらチェック ☐☐☐　♪a14

☐ **ball** ★balls
ボール

☐ **pencil** ★pencils
えんぴつ

☐ **eraser** ★erasers
消しゴム

☐ **ruler** ★rulers
じょうぎ

☐ **crayon** ★crayons
クレヨン

☐ **book** ★books
本

☐ **notebook** ★notebooks
ノート

☐ **pen** ★pens
ペン

☐ **bag** ★bags
かばん

Word ワードボックス
♪a15

☐ glue　　　　　　　のり
☐ pencil sharpener(s)　えんぴつけずり

☐ scissors　はさみ
☐ my　　　　わたしの

☐ pencil case(s)　筆箱
☐ your　　　　あなたの

ことば かいせつ

英語では数えられるものが２つか、それより多い（２ついじょうの）ときは、ものの名前のさいごに s や es をつけるなど形がかわります。れい １つのとき… ball　２ついじょうのとき… balls

★…２ついじょうのときの形

　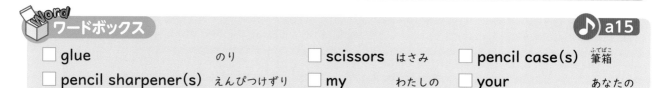英語カード 25 ～ 36

書いて練習のワーク

⭐ 読みながらなぞって、2回書きましょう。

ball

ボール

pencil

えんぴつ

eraser

消しゴム

ruler

じょうぎ

crayon

クレヨン

book

本

notebook

ノート

pen

ペン

 聞く
 話す
読む
 書く

bag

かばん

 英語のトビラ　小学生が通学かばんとしてよく使う「ランドセル」は日本どくとくのものだよ。イギリスでは「サッチェル」(satchel) という通学かばんをよく使い、アメリカではとくにかばんを持たないで通学するよ。

31

もくひょう
身の回りのものを英語でせつめいできるようになりましょう。

身の回りのものについての言い方 ②

きほんのワーク

♪ a16

1 身の回りのものについての言い方

✓言えたらチェック □□□

This is a pencil.
これはえんぴつです。

❋「これは～です」は、This is ～. と言います。

❋ a や an は「1つの～」という意味で、数えられるものの前におきます。

声に出して言ってみよう　　□に入ることばを入れかえて言いましょう。

This is a pencil.
- an eraser ・ a crayon
- a notebook ・ a book

➕ちょこっとプラス
an は、あとにくることばが日本語のア・イ・ウ・エ・オににた音ではじまるときに使います。

2 身の回りのものについての言い方

✓言えたらチェック □□□

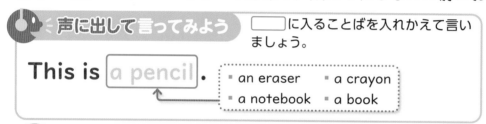

That's my bag.
あれはわたしのかばんです。

❋「あれは～です」は、That's ～. と言います。

❋ my は「わたしの～」、your は「あなたの～」という意味で、ものの名前（名詞）の前におきます。my をおくときは、a や an はおきません。

声に出して言ってみよう　　□に入ることばを入れかえて言いましょう。

That's my bag. / That is my bag.

・your ball ・ my pen ・ your ruler

➕ちょこっとプラス
that's は that is [ザット イズ] を短くした言い方です。

ステップアップ
「ケンの～」のように、だれの持ちものかを言うときは、名前のあとに 's [ズ] をつけます。
れい Ken's bag　ケンのかばん

書いて練習のワーク

☆ 読みながらなぞって、もう1回書きましょう。

This is a pencil.

これはえんぴつです。

This is an eraser.

これは消しゴムです。

That's my bag.

あれはわたしのかばんです。

That is my pen.

あれはわたしのペンです。

That's your ball.

あれはあなたのボールです。

聞く
話す
読む
書く

 「色えんぴつ」は colored［カラァド］pencil、「絵の具」は paint［ペイント］、「筆」は brush［ブラシ］と言うよ。

聞いて練習のワーク

できた数　／8問中

🔊音声

答え 3ページ

1 音声を聞いて、絵のないようと合っていれば○、合っていなければ×を（　）に書きましょう。 ♪t07

(1)
（　　　）

(2)
（　　　）

(3)
（　　　）

(4)
（　　　）

2 音声を聞いて、それぞれの持ちものを線でむすびましょう。 ♪t08

Ken  ・

Yuki  ・

Emi  ・

Satoru  ・

・

・

・

・

まとめのテスト

身の回りのものについての言い方

とく点

/50点

答え 3ページ

時間 **20** 分

1 日本語の意味になるように からえらんで、 に英語を書きましょう。文のさいしょにくることばは大文字で書きはじめましょう。

1つ10点〔30点〕

(1) これはえんぴつです。

 is a pencil.

(2) あれは消しゴムです。

 an eraser.

is a ruler.

that's
this
that
I'm

(3) あれはじょうぎです。

is a ruler.

2 日本語の意味に合うように、( ) の中から正しいほうをえらんで、 でかこみましょう。

1つ5点〔20点〕

(1) これはわたしのノートです。

This is (a / my) notebook.

(2) これはあなたのかばんです。

This is (a / your) bag.

(3) あれはわたしのボールです。

That's (my / your) ball.

(4) あれはペンです。

That is (a / my) pen.

もくひょう
身の回りのものを英語で言えるようになりましょう。

音声

身の回りのものについてのたずね方 ①

きほんのワーク

身の回りのものを表すことばをおぼえよう！

⭐ リズムに合わせて、声に出して言いましょう。 ✓言えたらチェック ☐☐☐ ♪a17

☐ **cup** ★cups
カップ

☐ **clock** ★clocks
（おき[かけ]）時計

☐ **chair** ★chairs
いす

☐ **desk** ★desks
つくえ

☐ **bed** ★beds
ベッド

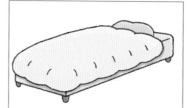

☐ **computer** ★computers
コンピューター

☐ **piano** ★pianos
ピアノ

☐ **box** ★boxes
箱

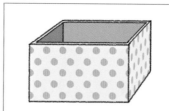

☐ **umbrella** ★umbrellas
かさ

Word ワードボックス ♪a18

☐ table(s)　テーブル　　☐ calendar(s)　カレンダー　　☐ guitar(s)　ギター
☐ drum(s)　たいこ　　☐ violin(s)　バイオリン　　☐ recorder(s)　リコーダー

😊 発音コーチ

カタカナ語とのちがいや、強く読むところに気をつけましょう。

computer　piano　calendar　guitar　violin　recorder

※▼のついているところが強く読むところです。

★…2 ついじょうのときの形

書いて練習のワーク

⭐ 読みながらなぞって、2回書きましょう。

cup

カップ

clock

(おき[かけ])時計

chair

いす

desk

つくえ

bed

ベッド

computer

コンピューター

piano

ピアノ

box

箱

umbrella

かさ

聞く
話す
読む
書く

英語の トビラ desk は勉強や仕事用のつくえのことで、ふつう引き出しがついているものを言うよ。table は食事や作業をするときなどに使用するものを言うよ。

37

身の回りのものについてのたずね方 ②

きほんのワーク

もくひょう

動植物やしぜんを英語で言えるようになりましょう。

🔊音声

動植物やしぜんを表すことばをおぼえよう！

⭐ リズムに合わせて、声に出して言いましょう。 ✔言えたらチェック ☐☐☐☐ ♪a19

☐ **dog** ★dogs

イヌ

☐ **cat** ★cats

ネコ

☐ **bird** ★birds

鳥

☐ **fish** ★fish

魚

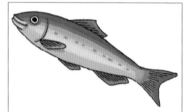

☐ **horse** ★horses

ウマ

☐ **monkey** ★monkeys

サル

☐ **panda** ★pandas

パンダ

☐ **elephant** ★elephants

ゾウ

☐ **flower** ★flowers

花

☐ **tree** ★trees

木

☐ **rainbow** ★rainbows

にじ

☐ **sun**

太陽

★…2ついじょうのときの形

英語カード 45〜58

書いて練習のワーク

☆ 読みながらなぞって、2回書きましょう。

dog	cat
イヌ	ネコ

bird
鳥

fish
魚

horse
ウマ

monkey
サル

panda
パンダ

elephant
ゾウ

flower
花

tree
木

rainbow
にじ

sun
太陽

英語では、イヌの「ワンワン」という鳴き声は bowwow［バゥワゥ］、ネコの「ニャー」という鳴き声は meow /
miaow［ミアゥ］と言うよ。

39

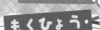

もくひょう

身の回りのものについて英語でたずねられるようになりましょう。

▶動画

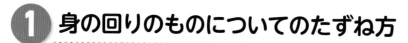
身の回りのものについてのたずね方 ③

きほんのワーク

♪ a20

1 身の回りのものについてのたずね方

✓言えたらチェック □□□

Is that your desk?
あれはあなたのつくえですか。

Yes, it is.
はい、そうです。

❋「あれは〜ですか」は Is that 〜? 、「これは〜ですか」は Is this 〜? と言います。

❋答えるときは、Yes, it is.（はい、そうです）や No, it isn't.（いいえ、ちがいます）と言います。isn't は is not を短くした言い方です。

🎧 声に出して言ってみよう □□に入ることばを入れかえて言いましょう。

たずね方 Is that your desk ?
　　　　　↑ this　　　↑ umbrella ・cup ・computer

答え方 Yes, it is. / No, it isn't.

➕ちょこっとプラス

No, it isn't. は No, it's not. と言うこともできます。it's は it is を短くした言い方です。

2 身の回りのものについてのたずね方

✓言えたらチェック □□□

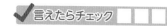

What's that?
あれは何ですか。

It's a bird.
それは鳥です。

❋「あれ［これ］は何ですか」は、What's that[this]? と言います。

❋答えるときは、It's 〜.（それは〜です）と言います。

🎧 声に出して言ってみよう □□に入ることばを入れかえて言いましょう。

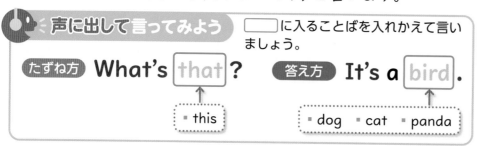

たずね方 What's that ?
　　　　　↑ this

答え方 It's a bird .
　　　　　　　↑ dog ・cat ・panda

大きな声で言おう！

ステップアップ　Is this[that] 〜? はふつうさいごを上げ調子で言いますが、What's this[that]? はふつうさいごを下げ調子で言います。

☆ 読みながらなぞって、もう1回書きましょう。

Is that your desk?

あれはあなたのつくえですか。

Yes, it is.

はい、そうです。

Is this your umbrella?

これはあなたのかさですか。

No, it isn't.

いいえ、ちがいます。

What's that?

あれは何ですか。

It's a bird.

それは鳥です。

It's a dog.

それはイヌです。

英語の
トビラ What は「何」とたずねるときのほか、What!（なんだって！）とおどろきや、いかりの気持ちを表すときにも使うよ。

41

4 身の回りのものについてせつめいしよう

聞いて練習のワーク

勉強した日　月　日

できた数 ／8問中

答え 3ページ

1 音声を聞いて、絵のないように合う答えをえらんで、記号を○でかこみましょう。

(1)
ア　Yes, it is.
イ　No, it isn't.

(2) 　🎵 t09
ア　Yes, it is.
イ　No, it isn't.

(3)
ア　Yes, it is.
イ　No, it isn't.

(4)
ア　Yes, it is.
イ　No, it isn't.

2 音声を聞いて、会話のないように合う絵を下からえらんで、記号を（　）に書きましょう。　🎵 t10

(1)（）　(2)（）　(3)（）　(4)（）

ア

イ

ウ

エ

42

まとめのテスト

身の回りのものについてのたずね方

とく点 /50点

答え 4ページ

時間 20分

1 日本語の意味になるように ┈┈ からえらんで、─── に英語を書きましょう。文のさいしょにくることばは大文字で書きはじめましょう。

1つ8点〔32点〕

(1) これはあなたのカップですか。

_____ this your cup?

(2) 〔(1)に答えて〕 はい、そうです。

Yes, _____ is.

(3) あれは何ですか。

_____ that?

(4) 〔(3)に答えて〕 それは鳥です。

_____ a bird.

┄┄┄┄┄┄┄┄
is
what
what's
it
it's
this
┄┄┄┄┄┄┄┄

2 しつもんに合う答えの文を ┈┈ からえらんで、─── に書きましょう。

1つ9点〔18点〕

(1) Is that your bag?

_____

(2) What's this?

_____

┄┄┄┄┄┄┄┄
No, it isn't.
It's a cat.
That is a cup.
┄┄┄┄┄┄┄┄

聞く
話す
読む
書く

リーディング レッスン

音声

答え 4 ページ

⭐ 音声を聞いて、3回読みましょう。

言えたらチェック ☐☐☐　♪ r01

Boy: Hello, I'm Tom. I'm from America.

Girl: Hello, I'm Mari. Nice to meet you.

Boy: Nice to meet you, too. Is that your dog?

Girl: Yes, it is. It's my dog, Riri.

Boy: Cute!

boy：男の子　　Tom：トム　　girl：女の子　　cute：かわいい

44

文章のないようについて、次のしつもんに答えましょう。

(1) 男の子はどこの出身ですか。（　）に日本語で書きましょう。

（　　　　　　　　　　　）

(2) 女の子の名前は何ですか。（　）にカタカナで書きましょう。

（　　　　　　　　　　　）

(3) このイヌはだれのイヌですか。（　）に記号を書きましょう。

ア　男の子　　イ　女の子　　ウ　女の子の友だち　　　　　（　　　　）

⭐ 英文をなぞって書きましょう。

Hello, I'm Tom.

I'm from America.

Hello, I'm Mari.

Nice to meet you.

Nice to meet you, too.

Is that your dog?

Yes, it is.

It's my dog, Riri.

名前　　　　　　　　　　　とく点

/100点

実力判定テスト

夏休みのテスト

時間 **30**分

答え　9 ページ

1 音声を聞いて答える問題です。英語に合う絵を下からえらんで、記号を（　）に書きましょう。

1つ5点〔20点〕　♪ **t11**

(1) （　　　　）　　(2) （　　　　）　　(3) （　　　　）　　(4) （　　　　）

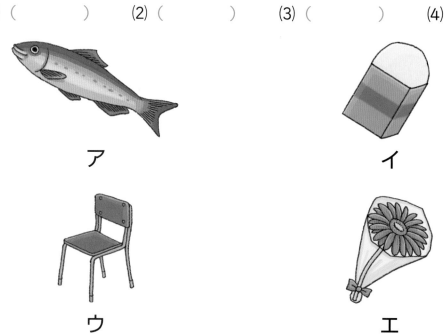

ア

イ

ウ

エ

2 音声を聞いて答える問題です。しつもんと、その答えとしてア、イ、ウの3つの文が読まれます。絵を見てしつもんに合う答えをえらんで、記号を（　）に書きましょう。

1つ7点〔28点〕　♪ **t12**

(1)

さとみ

（　　　　）

(2)

（　　　　）

(3)

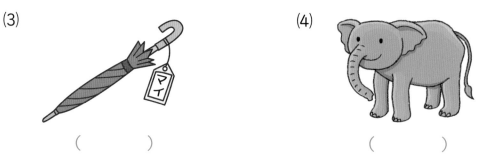

マイ

（　　　　）

(4)

（　　　　）

3 日本語の意味になるように⌐ ¬からえらんで、──に英語を書きましょう。文のさいしょにくることばは大文字で書きはじめましょう。

1つ7点〔28点〕

(1) はじめまして。

Nice to _____ you.

(2) おはよう。

_____ morning.

(3) わたしはブラジル出身です。

I'm _____ Brazil.

(4) あれはわたしのネコです。

_____ my cat.

> from
> meet
> good
> that's
> that

4 日本語の意味を表す英語の文を⌐ ¬からえらんで、──に書きましょう。

(1) お元気ですか。

1つ8点〔24点〕

(2) あれはコンピューターですか。

(3) これは何ですか。

> What's this? / What's your name?
> Is that a computer? / How are you?

数の言い方 ①

きほんのワーク

もくひょう・

1から12までの数を英語で言えるようになりましょう。

 音声

数を表すことばをおぼえよう！

⭐ リズムに合わせて、声に出して言いましょう。　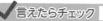 言えたらチェック ☐☐☐　 ♪a21

☐ **one**

1、1の

☐ **two**

2、2の

☐ **three**

3、3の

☐ **four**

4、4の

☐ **five**

5、5の

☐ **six**

6、6の

☐ **seven**

7、7の

☐ **eight**

8、8の

☐ **nine**

9、9の

☐ **ten**

10、10の

☐ **eleven**

11、11の

☐ **twelve**

12、12の

書いて練習のワーク

⭐ 読みながらなぞって、2回書きましょう。

one	two
1、1の	2、2の

three
3、3の

four
4、4の

five
5、5の

six
6、6の

seven
7、7の

eight
8、8の

nine
9、9の

ten
10、10の

eleven
11、11の

twelve
12、12の

聞く
話す
読む
書く

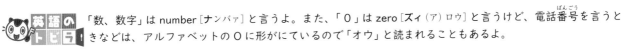

「数、数字」は number［ナンバァ］と言うよ。また、「0」は zero［ズィ（ア）ロウ］と言うけど、電話番号を言うときなどは、アルファベットのOに形がにているので「オウ」と読まれることもあるよ。

49

5 数えてみよう

数の言い方 ②

きほんのワーク

もくひょう・
13から30までの数を英語で言えるようになりましょう。

 音声

数を表すことばをおぼえよう！

⭐ リズムに合わせて、声に出して言いましょう。 ✓言えたらチェック □□□ ♪a22

☐ **thirteen**
13、13の
13

☐ **fourteen**
14、14の
14

☐ **fifteen**
15、15の
15

☐ **sixteen**
16、16の
16

☐ **seventeen**
17、17の
17

☐ **eighteen**
18、18の
18

☐ **nineteen**
19、19の
19

☐ **twenty**
20、20の
20

☐ **thirty**
30、30の
30

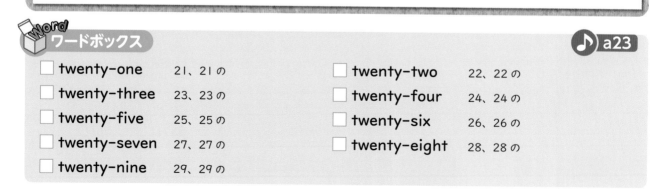

Word ワードボックス ♪a23

☐ twenty-one 21、21の
☐ twenty-three 23、23の
☐ twenty-five 25、25の
☐ twenty-seven 27、27の
☐ twenty-nine 29、29の

☐ twenty-two 22、22の
☐ twenty-four 24、24の
☐ twenty-six 26、26の
☐ twenty-eight 28、28の

50

書いて練習のワーク

⭐ 読みながらなぞって、2回書きましょう。

thirteen

13、13 の

fourteen

14、14 の

fifteen

15、15 の

sixteen

16、16 の

seventeen

17、17 の

eighteen

18、18 の

nineteen

19、19 の

twenty

20、20 の

thirty

30、30 の

聞く
話す
読む
書く

英語のトビラ 「100」は one hundred［ワン ハンドゥレド］、「1000」は one thousand［ワン サウザンド］と言うよ。

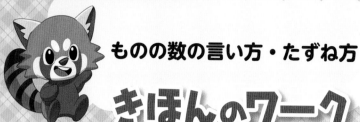

もくひょう
英語で数を言ったり、たずねたりできるようになりましょう。

▶動画

ものの数の言い方・たずね方

きほんのワーク

♪a24

① ものの数の言い方

✓言えたらチェック □□□

Two cats.
ネコが2ひきです。

✿ ものの数を言うときは、Two cats. のようにものの名前の前に数字をおきます。

✿ ものが2つか、それよりも多い（2ついじょうの）ときは、ふつうものの名前のさいごにs や es をつけた形にします。cat → cats

🔊 声に出して言ってみよう　次の英語を言いましょう。

one book	two cats	three boxes
four chairs	five cups	six notebooks

➕ ちょこっとプラス
2ついじょうのときの形には、形がかわるものや同じ形のものもあります。(→ 92ページ)

② ものの数のたずね方

✓言えたらチェック □□□

How many pencils?
えんぴつは何本ですか。

Seven pencils.
えんぴつは7本です。

✿ 「〜はいくつですか」は、How many 〜? と言います。「〜」にはものの名前をおきます。ものの名前は2ついじょうのときの形にします。

✿ 答えるときは、①のように言います。Seven. のように数だけ答えてもよいです。

🔊 声に出して言ってみよう　□□に入ることばを入れかえて言いましょう。

たずね方　How many [pencils] ?　· desks　· clocks
　　　　　　　　　　　　　　　　　· birds

答え方　Seven pencils. / Eight desks.
　　　　Nine clocks. / Ten birds.

➕ ちょこっとプラス
many は「多くの、たくさんの」という意味です。
many pencils（たくさんのえんぴつ）のようにものの名前の前において使います。

会話をしている人どうしで、何を指しているかわかるときは、How many 〜? の「〜」をはぶいて、How many? とだけ言うこともできます。[れい] How many pencils? → How many?

書いて練習のワーク

⭐ 読みながらなぞって、もう1回書きましょう。

How many pencils?

えんぴつは何本ですか。

Seven pencils.

えんぴつは7本です。

How many desks?

つくえはいくつですか。

Eight desks.

つくえは8個です。

How many clocks?

おき[かけ]時計はいくつですか。

Nine clocks.

おき[かけ]時計は9個です。

聞く
話す
読む
書く

 英語の トビラ 1、2、3…と数を数えるとき、日本では手を開いた形で親指からじゅんに指をおっていくけど、アメリカでは手をにぎった形で親指からじゅんに開いていくよ。

53

聞いて練習のワーク

🔊音声

答え 4ページ

1 音声を聞いて、それぞれがいくつあるか線でむすびましょう。　♪t13

(1) えんぴつ　・　　　　　　　　　　　・ 2

(2) つくえ　　・　　　　　　　　　　　・ 9

(3) いす　　　・　　　　　　　　　　　・ 11

(4) ボール　　・　　　　　　　　　　　・ 18

(5) 本　　　　・　　　　　　　　　　　・ 30

2 音声を聞いて、下の絵のないように合うように、しつもんの答えとなる数字を（　）に書きましょう。　♪t14

(1)（　　　　　） 　(2)（　　　　　　） 　(3)（　　　　　） 　(4)（　　　　　）

まとめのテスト

数の言い方
ものの数の言い方・たずね方

とく点

/50点

答え　4ページ

時間 **20** 分

1 計算の答えを ┊┈┈┊ からえらんで、 ▭ に英語を書きましょう。　1つ6点〔30点〕

(1) $9 + 3 =$ _____

(2) $11 + 7 =$ _____

(3) $20 - 4 =$ _____

(4) $15 \times 2 =$ _____

(5) $60 \div 3 =$ _____

> twenty / thirteen / twelve
> thirty / sixteen / eighteen

2 日本語の意味に合うように、（　　）の中から正しいほうをえらんで、▢でかこみましょう。　1つ5点〔20点〕

(1) 3つの箱　　　three (box / boxes)

(2) 15頭のウマ　　fifteen (horse / horses)

(3) 木は何本ですか。　(What / How) many trees?

　　木は1本です。　— One (tree / trees).

聞く
話す
読む
書く

すきなもの・すきではないものの言い方 ①

きほんのワーク

もくひょう
くだものを英語で言えるようになりましょう。

音声

くだものを表すことばをおぼえよう！

⭐ リズムに合わせて、声に出して言いましょう。 ✔言えたらチェック □□□ ♪a25

☐ **apple** ★apples
リンゴ

☐ **grape** ★grapes
ブドウ

☐ **orange** ★oranges
オレンジ

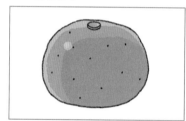

☐ **peach** ★peaches
モモ

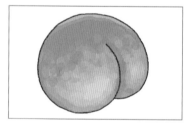

☐ **strawberry** ★strawberries
イチゴ

☐ **banana** ★bananas
バナナ

☐ **pineapple** ★pineapples
パイナップル

☐ **melon** ★melons
メロン

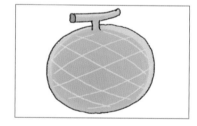

☐ **kiwi fruit** ★kiwi fruit
キウイ

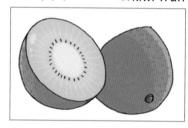

☐ **lemon** ★lemons
レモン

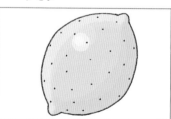

☐ **cherry** ★cherries
サクランボ

☐ **fruit** ★fruits
くだもの

★…2ついじょうのときの形

書いて練習のワーク

⭐ 読みながらなぞって、1〜2回書きましょう。

apple

リンゴ

grape

ブドウ

peach

モモ

orange

オレンジ

strawberry

イチゴ

banana

バナナ

pineapple

パイナップル

melon

メロン

kiwi fruit

キウイ

lemon

レモン

cherry

サクランボ

fruit

くだもの

 grape は「ブドウ」という意味だけど、これは1つ1つのつぶをさすよ。ふさになっているブドウは、つぶが
たくさん集まっているから grapes と2ついじょうの形で表すよ。

すきなもの・すきではないものの言い方 ②

もくひょう

やさいを英語（えいご）で言える
ようになりましょう。

音声

きほんのワーク

やさいを表（あらわ）すことばをおぼえよう！

⭐ リズムに合わせて、声に出して言いましょう。 ✓言えたらチェック ☐☐☐ ♪a26

☐ **carrot** ★carrots

ニンジン

☐ **onion** ★onions

タマネギ

☐ **tomato**

トマト　★tomatoes

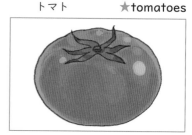

☐ **green pepper**

ピーマン ★green peppers

☐ **cucumber** ★cucumbers

キュウリ

☐ **potato**

ジャガイモ　★potatoes

☐ **cabbage** ★cabbages

キャベツ

☐ **corn**

トウモロコシ

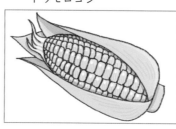

☐ **mushroom** ★mushrooms

キノコ

☐ **watermelon** ★watermelons

スイカ

☐ **eggplant** ★eggplants

ナス

☐ **vegetable** ★vegetables

やさい

★…2ついじょうのときの形

書いて練習のワーク

☆ 読みながらなぞって、1〜2回書きましょう。

carrot

ニンジン

onion | corn

タマネギ | トウモロコシ

tomato

トマト

green pepper

ピーマン

cucumber

キュウリ

potato

ジャガイモ

cabbage

キャベツ

mushroom

キノコ

watermelon

スイカ

eggplant

ナス

vegetable

やさい

聞く
話す
読む
書く

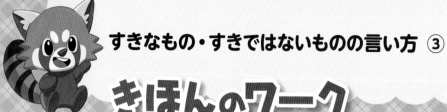

6 すきなものをつたえよう

すきなもの・すきではないものの言い方 ③

きほんのワーク

もくひょう・
すきなものとすきではないものを英語で言えるようになりましょう。

♪a27

1 すきなものの言い方

✓言えたらチェック □□□

わたしはリンゴがすきです。

✿「わたしは〜がすきです」は、I like 〜. と言います。
✿ある決まった1つのものではなく、そのしゅるい全体がすきと言うときは、「〜」を2ついじょうのときの形にします。

🔊声に出して言ってみよう　□に入ることばを入れかえて言いましょう。

- bananas　- strawberries
- melons and peaches

➕ちょこっとプラス
2つか、それより多くのものをならべるときは、andを使います。
れい
melons and peaches
メロンとモモ

2 すきではないものの言い方

✓言えたらチェック □□□

I don't like green peppers.
わたしはピーマンがすきではありません。

✿「わたしは〜がすきではありません」は、I don't like 〜. と言います。

🔊声に出して言ってみよう　□に入ることばを入れかえて言いましょう。

I don't like green peppers.
- mushrooms　- onions　- eggplants

➕ちょこっとプラス
don't は do not を短くした言い方です。

ステップアップ 「わたしは〜が大すきです」は、very much[ヴェリィ マッチ]をさいごにおいて、I like 〜 very much. と言います。
れい I like apples very much.　わたしはリンゴが大すきです。

書いて練習のワーク

☆ 読みながらなぞって、もう1回書きましょう。

I like apples.

わたしはリンゴがすきです。

I like bananas.

わたしはバナナがすきです。

I like melons and peaches.

わたしはメロンとモモがすきです。

I don't like green peppers.

わたしはピーマンがすきではありません。

I don't like mushrooms.

わたしはキノコがすきではありません。

🎧 聞く
🎤 話す
📖 読む
✏️ 書く

 「ピーマン」は green pepper と言うほかに、アメリカでは bell［ベル］pepper、イギリスやオーストラリアなどでは capsicum［キァプシカム］とも言うよ。

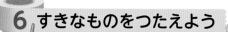

6 すきなものをつたえよう

勉強した日 ▶ 月 日

できた数

／9問中

🔊音声

答え 5ページ

1 音声を聞いて、絵のものがすきならば〇、すきではなければ×を（ ）に書きましょう。

♪t15

(1)

（　　　）

(2)

（　　　）

(3)

（　　　）

(4)

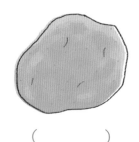

（　　　）

2 音声を聞いて、それぞれの人物がすきなものには〇、すきではないものには×を（ ）に書いて、表をかんせいさせましょう。

♪t16

	名　前	リンゴ	ニンジン	トマト
(1)	Haruka	（　　）	（　　）	（　　）
(2)	Taku	（　　）	（　　）	（　　）
(3)	Yuki	（　　）	（　　）	（　　）
(4)	Satoru	（　　）	（　　）	（　　）
(5)	Emi	（　　）	（　　）	（　　）

まとめのテスト

すきなもの・すきではないものの言い方

勉強した日 ▶ 　月　　日

とく点

/50点

答え 5ページ

時間 20分

1 日本語の意味(いみ)になるように □ からえらんで、□ に英語(えいご)を書きましょう。

(1) わたしはニンジンがすきです。　　　　　　　　　　　　　　　　　　1つ10点〔30点〕

I ＿＿＿＿＿＿ carrots.

(2) わたしはメロンがすきではありません。

I ＿＿＿＿＿＿ like melons.

(3) わたしはモモとリンゴがすきです。

I like peaches ＿＿＿＿＿＿

apples.

> have / like / do / don't / and

2 日本語の意味を表(あらわ)す英語の文を □ からえらんで、□ に書きましょう。

(1) わたしはやさいがすきです。　　　　　　　　　　　　　　　　　　1つ10点〔20点〕

＿＿＿＿＿＿＿＿＿＿＿＿＿＿＿＿＿＿＿＿

(2) わたしはレモンがすきではありません。

＿＿＿＿＿＿＿＿＿＿＿＿＿＿＿＿＿＿＿＿

> I like vegetables. / I don't like vegetables.
> I like lemons. / I don't like lemons.

聞く
話す
読む
書く

63

すきかどうかのたずね方 ①

きほんのワーク

もくひょう・

食べものを英語で言えるようになりましょう。

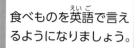 音声

食べものを表すことばをおぼえよう！

⭐ リズムに合わせて、声に出して言いましょう。 ✅言えたらチェック ☐☐☐ ♪a28

☐ **pizza**

ピザ

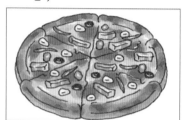

☐ **hamburger**

ハンバーガー ★hamburgers

☐ **sandwich**

サンドイッチ ★sandwiches

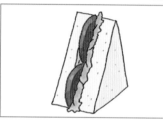

☐ **spaghetti**

スパゲッティ

☐ **steak**

ステーキ

☐ **salad**

サラダ

☐ **noodle** ★noodles

めん

☐ **egg** ★eggs

たまご

☐ **rice ball**

おにぎり ★rice balls

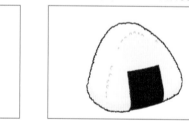

☐ **bread**

パン

☐ **soup**

スープ

☐ **food**

食べもの

★…2ついじょうのときの形

書いて練習のワーク

⭐ 読みながらなぞって、2回書きましょう。

pizza

ピザ

hamburger

ハンバーガー

sandwich

サンドイッチ

spaghetti

スパゲッティ

steak

ステーキ

salad	egg
サラダ	たまご

noodle

めん

rice ball

おにぎり

bread

パン

soup

スープ

food

食べもの

日本食は海外にも広まってきていて、すし (sushi)、すきやき (sukiyaki)、てんぷら (tempura)、ラーメン (ramen)、とうふ (tofu)、やきとり (yakitori) などはそのままで通じるようになってきているよ。

すきかどうかのたずね方 ②

きほんのワーク

もくひょう
デザートや飲みものを英語で言えるようになりましょう。

 音声

デザートや飲みものを表すことばをおぼえよう！

⭐ リズムに合わせて、声に出して言いましょう。 ✓ 言えたらチェック ☐☐☐ ♪a29

☐ **cake** ★cakes
ケーキ

☐ **ice cream**
アイスクリーム

☐ **pudding**
プリン

☐ **parfait** ★parfaits
パフェ

☐ **shaved ice**
かき氷

☐ **chocolate**
チョコレート

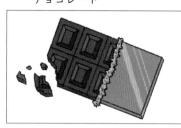

☐ **orange juice**
オレンジジュース

☐ **milk**
牛乳

☐ **water**
水

ワードボックス ♪a30

☐ popcorn ポップコーン ☐ coffee コーヒー ☐ tea 紅茶 ☐ green tea 緑茶
☐ soda ソーダ ☐ drink 飲みもの ☐ dessert デザート

😊 発音コーチ

カタカナ語との発音のちがいや、強く読むところに気をつけましょう。
cake ice cream parfait chocolate orange juice

※▼のついているところが強く読むところです。

★…2つ以上のときの形

書いて練習のワーク

⭐ 読みながらなぞって、1〜2回書きましょう。

cake

ケーキ

ice cream

アイスクリーム

pudding

プリン

parfait

パフェ

shaved ice

かき氷

chocolate

チョコレート

orange juice

オレンジジュース

milk

牛乳

water

水

 juice は果汁 100% のものをさすよ。それいがいのものは drink などを使い、orange drink のように言うよ。

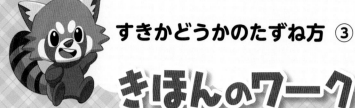

もくひょう・
すきな食べものを英語
でたずねられるように
なりましょう。

動画

♪ a31

すきかどうかのたずね方 ③

きほんのワーク

1 すきかどうかのたずね方・答え方

✓言えたらチェック □□□

Do you like sandwiches?
あなたはサンドイッチがすきですか。

Yes, I do.
はい、すきです。

❋「あなたは～がすきですか」は、**Do you like ～?** と言います。

❋答えるときは、**Yes, I do.**（はい、すきです）や **No, I don't.**（いいえ、すきではあ
りません）と言います。

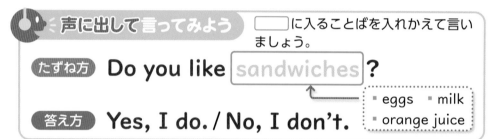

🔊 声に出して言ってみよう　□□に入ることばを入れかえて言い
ましょう。

たずね方 **Do you like** sandwiches **?**

　　　　　　　　　　　　　　・ eggs　・ milk
　　　　　　　　　　　　　　・ orange juice

答え方 **Yes, I do. / No, I don't.**

「～」に入ることばを
大きめの声で言うよ。

2 すきな食べもののたずね方・答え方

✓言えたらチェック □□□

What food do you like?
あなたはどんな食べものがすきですか。

I like pizza.
わたしはピザがすきです。

❋「あなたはどんな食べものがすきですか」は、**What food do you like?** と言います。
what food で「どんな食べもの」という意味です。

❋答えるときは、**I like ～.**（わたしは～がすきです）と言います。

🔊 声に出して言ってみよう　□□に入ることばを入れかえて言い
ましょう。

たずね方 **What food do you like?**

答え方 **I like** pizza **.**

　　　　　・ hamburgers　・ steak
　　　　　・ salad　　　　・ soup

➕ ちょこっとプラス

what のあとにしゅるい
を表すことばをおくと、
「何の～、どんな～」と
いう意味になります。

ステップ
アップ

I don't like ～ very much. は「わたしは～があまりすきではありません」という意味になります。「大きらい」
という意味ではないので注意しましょう。

書いて練習のワーク

⭐ 読みながらなぞって、もう1回書きましょう。

Do you like sandwiches?

あなたはサンドイッチがすきですか。

Yes, I do.

はい、すきです。

No, I don't.

いいえ、すきではありません。

What food do you like?

あなたはどんな食べものがすきですか。

I like pizza.

わたしはピザがすきです。

I like hamburgers.

わたしはハンバーガーがすきです。

 like には「～を気に入っている」という意味もあるよ。I like it. は「わたしはそれがすきです」という意味にもなるし、「わたしはそれを気に入っています」という意味にもなるよ。

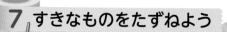

7 すきなものをたずねよう

聞いて練習のワーク

答え 5ページ

勉強した日 月 日

できた数

／8問中

音声

 音声を聞いて、絵のものがすきならば○、すきではなければ×を（　）に書きましょう。

 t17

(1)

（　　　　）

(2)

（　　　　）

(3)

（　　　　）

(4)

（　　　　）

 音声を聞いて、それぞれがすきな食べものを線でむすびましょう。

t18

Emi

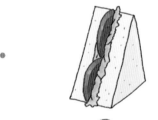

Taku

Saori

Ken

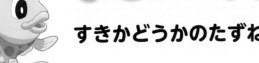

まとめのテスト

すきかどうかのたずね方

とく点

／50点

答え　6ページ

時間 **20** 分

1 日本語の意味を表す英語を ⌐⌐⌐ からえらんで、▭ に書きましょう。

1つ6点〔30点〕

(1) たまご

(2) パン

(3) ハンバーガー

(4) ケーキ

(5) 水

cake
hamburger
bread
water
parfait
egg

2 日本語の意味に合うように、(　　) の中から正しいほうをえらんで、▭ でかこみましょう。

1つ5点〔20点〕

(1) あなたはピザがすきですか。

(Do / Are) you like pizza?

(2) [(1)に答えて] いいえ、すきではありません。

No, I (do / don't).

(3) あなたはどんな食べものがすきですか。

(What / How) food do you like?

(4) [(3)に答えて] わたしはステーキがすきです。

I (like / don't like) steak.

聞く
話す
読む
書く

すきなもののたずね方 ①

きほんのワーク

もくひょう
色を英語で言えるようになりましょう。

🔊音声

色を表すことばをおぼえよう！

⭐ リズムに合わせて、声に出して言いましょう。 ✓言えたらチェック ☐☐☐ ♪**a32**

☐ **blue**
青

☐ **pink**
もも
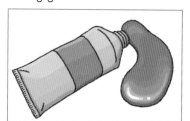

☐ **red**
赤

☐ **yellow**
黄
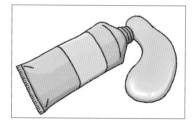

☐ **green**
緑

☐ **purple**
むらさき
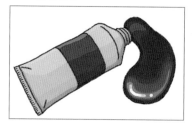

☐ **orange**
だいだい
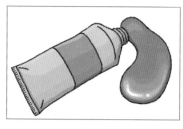

☐ **black**
黒
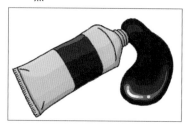

☐ **white**
白

☐ **brown**
茶
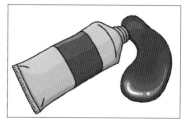

☐ **color** ★colors
色

きみのすきな色は何かな？

★…2ついじょうのときの形

書いて練習のワーク

⭐ 読みながらなぞって、2回書きましょう。

blue

青

pink

もも

red

赤

yellow

黄

green

緑

purple

むらさき

orange

だいだい

black

黒

white

白

brown

茶

color

色

 英語でにじの色は red、orange、yellow、green、blue、indigo［インディゴウ］（あい色）、violet［ヴァイオレット］（すみれ色）の7色。アメリカでは indigo をのぞいて6色とすることも多いよ。

すきなもののたずね方 ②

きほんのワーク

もくひょう

スポーツを英語で言えるようになりましょう。

♪音声

スポーツを表すことばをおぼえよう！

⭐ リズムに合わせて、声に出して言いましょう。 ✓言えたらチェック □□□ ♪a33

☐ **dodgeball**
ドッジボール

☐ **baseball**
野球

☐ **basketball**
バスケットボール

☐ **swimming**
水泳

☐ **soccer**
サッカー

☐ **volleyball**
バレーボール

☐ **table tennis**
卓球

☐ **tennis**
テニス

☐ **sport** ★sports
スポーツ

ワードボックス

♪a34

☐ badminton　バドミントン　☐ skating　スケート　☐ skiing　スキー
☐ track and field　陸上競技　☐ softball　ソフトボール　☐ rugby　ラグビー

発音コーチ

カタカナ語との発音のちがいや、強く読むところに気をつけましょう。　※▼のついているところが強く読むところです。

basketball　swimming　soccer　volleyball　badminton

★…2 ついじょうのときの形

書いて練習のワーク

⭐ 読みながらなぞって、2回書きましょう。

dodgeball

ドッジボール

baseball

野球

basketball

バスケットボール

swimming

水泳

soccer

サッカー

volleyball

バレーボール

table tennis

卓球

tennis

テニス

sport

スポーツ

 アメリカで人気のあるスポーツは、アメリカンフットボール、野球、バスケットボール、アイスホッケーだよ。これらのプロスポーツリーグは北米4大プロスポーツリーグと言われるよ。

もくひょう
すきな色やスポーツを
英語でたずねられるよ
うになりましょう。

♪ a35

すきなもののたずね方 ③

きほんのワーク

① すきな色のたずね方

✔言えたらチェック □□□

What color do you like?
あなたは何色がすきですか。

I like blue.
わたしは青がすきです。

✿「あなたは何色がすきですか」は、**What color do you like?** と言います。

✿答えるときは、**I like ～.**（わたしは～がすきです）と言います。

🔊 **声に出して言ってみよう**　　□に入ることばを入れかえて言いましょう。

たずね方　**What color do you like?**

答え方　**I like** blue.
　　　　　　　　　• pink　• red　• yellow　• green

💡 **思い出そう**
「あなたは～がすきですか」は Do you like ～? と言います。答えるときは Yes, I do. / No, I don't. と答えます。

② すきなスポーツのたずね方

✔言えたらチェック □□□

What sport do you like?
あなたはどんなスポーツがすきですか。

I like soccer.
わたしはサッカーがすきです。

✿「あなたはどんなスポーツがすきですか」は、**What sport do you like?** と言います。

✿答えるときは、**I like ～.**（わたしは～がすきです）と言います。

🔊 **声に出して言ってみよう**　　□に入ることばを入れかえて言いましょう。

たずね方　**What sport do you like?**

答え方　**I like** soccer.
　　　　　　• baseball　• dodgeball
　　　　　　• swimming　• tennis

📝 **表現べんり帳**
アメリカでは、What sports do you like? と sports を使うことが多いです。

ステップ
アップ
What do you like?（あなたは何がすきですか）では、相手が何についてすきか、答えるものがわかりにくいので、food、sport（s）などの聞きたいもののしゅるいを入れて、What ～ do you like? とたずねます。

書いて練習のワーク

⭐ 読みながらなぞって、もう1回書きましょう。

What color do you like?

あなたは何色がすきですか。

What color do you like?

あなたは何色がすきですか。

I like blue.

わたしは青がすきです。

What sport do you like?

あなたはどんなスポーツがすきですか。

What sport do you like?

あなたはどんなスポーツがすきですか。

I like soccer.

わたしはサッカーがすきです。

【いろいろな色の言い方】 「黄緑」yellowish［イェロウィシ］green 「水色」sky［スカイ］blue 「朱色」vermilion［ヴァーミリョン］ 「灰色」gray［グレイ］ 「金色」gold［ゴウルド］ 「銀色」silver［スィルヴァ］

聞いて練習のワーク

答え 6ページ

1 音声を聞いて、絵と合っていれば〇、合っていなければ×を（　）に書きましょう。

♪ t19

(1)

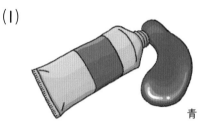

青

（　　　　）

(2)

黒

（　　　　）

(3)

（　　　　）

(4)

（　　　　）

2 音声を聞いて、それぞれがすきな色とスポーツを下からえらんで、記号を（　）
に書きましょう。

♪ t20

	名　前	色	スポーツ
(1)	Ken	（　　　）	（　　　）
(2)	Emi	（　　　）	（　　　）
(3)	Taku	（　　　）	（　　　）
(4)	Yuki	（　　　）	（　　　）

ア　黄　　　　イ　もも　　　　ウ　緑　　　　エ　白

オ　水泳　　　カ　テニス　　　キ　野球　　　ク　サッカー

まとめのテスト

すきなもののたずね方

とく点

/50点

答え 6ページ

時間 20分

1 日本語の意味を表す英語を □ からえらんで、□ に書きましょう。

1つ6点〔30点〕

(1) バレーボール

(2) ドッジボール

(3) 水泳

(4) だいだい

(5) むらさき

> dodgeball
> orange
> swimming
> purple
> volleyball
> red

2 しつもんに合う答えの文を □ からえらんで、□ に書きましょう。

(1) What sport do you like?

1つ10点〔20点〕

(2) What color do you like?

> I like tomatoes. / I like brown.
> I like basketball. / I like cake.

聞く
話す
読む
書く

リーディング レッスン

音声を聞いて、3回読みましょう。　言えたらチェック　r02

Boy: What food do you like?

Girl: I like sushi. Do you like sushi?

Boy: Yes, I do. I like Japanese food. But
I don't like *natto*.

Girl: Really? I like *natto* very much.

Japanese：日本の　but：しかし　Really?：ほんとうですか？　very much：とても

でき た数
　　　　／3問中

文章のないようについて、次のしつもんに答えましょう。

(1) 女の子がすきな食べものは何ですか。（　）にひらがなで 2 つ書きましょう。

（　　　　　　　　　）　（　　　　　　　　　　）

(2) 男の子がすきではない食べものは何ですか。（　）にひらがなで書きましょう。

（　　　　　　　　　）

☆英文をなぞって書きましょう。

What food do you like?

I like sushi.

Do you like sushi?

Yes, I do.

I like Japanese food.

But I don't like natto.

Really?

I like natto very much.

実力判定テスト　冬休みのテスト❄

時間 30分

名前　　　　　　　　　とく点

/100点

🔊音声

答え　10ページ

1 音声を聞いて答える問題です。読まれた英語が絵と合っていれば○、合っていなければ×を（　）に書きましょう。

1つ5点〔20点〕　♪ t21

(1)

20

（　　　　　）

(2)

（　　　　　）

(3)

（　　　　　）

(4)

（　　　　　）

2 音声を聞いて答える問題です。エミが英語でインタビューに答えます。そのないようを（　）に日本語で書きましょう。音声は2回読まれます。

1つ6点〔30点〕

♪ t22

(1)	すきな食べもの	（　　　　　　　　　　）
(2)	すきな色	（　　　　　　　　　　）
(3)	すきなスポーツ	（　　　　　　　　　　）
(4)	すきなくだもの	（　　　　　　　　　　）
(5)	すきなやさい	（　　　　　　　　　　）

3 日本語の意味になるように　　からえらんで、　　に英語を書きましょう。文のさいしょにくることばは大文字で書きはじめましょう。　　　　　　1つ8点〔32点〕

(1) わたしはタマネギがすきではありません。

I _____ like onions.

(2) あなたはネコがすきですか。

_____ you like cats?

(3) たまごはいくつですか。

_____ many eggs?

(4) リンゴが4つです。

Four _____ .

do / don't / apple / apples / what / how

4 日本語の意味を表す英語の文を　　からえらんで、　　に書きましょう。

(1) あなたはどんな食べものがすきですか。　　　　　　　　　1つ9点〔18点〕

(2) 〔(1)に答えて〕　わたしはスパゲッティがすきです。

What do you like? / What food do you like?
I like spaghetti. / This is spaghetti.

83

8 ほしいものをたずねよう

ほしいもののたずね方 ①

きほんのワーク

もくひょう
ものの様子や形を英語で言えるようになりましょう。

 音声

ものの様子や形を表すことばをおぼえよう！

⭐ リズムに合わせて、声に出して言いましょう。 ✓言えたらチェック ♪a36

☐ **big** 大きい
☐ **small** 小さい
☐ **long** 長い
☐ **short** 短い
☐ **new** 新しい
☐ **old** 古い
☐ **circle** ★circles 円
☐ **triangle** ★triangles 三角形
☐ **star** ★stars 星形

ワードボックス ♪a37

☐ cross(es) 十字形　☐ heart(s) ハート形　☐ square(s) 正方形
☐ rectangle(s) 長方形　☐ diamond(s) ひし形

ことば かいせつ

様子を表すことばは、ものの名前の前におきます。
「大きい箱」a big box　「長いペン」a long pen　「古い本」an old book

★…2ついじょうのときの形

84

書いて練習のワーク

⭐ 読みながらなぞって、2回書きましょう。

big

大きい

small

小さい

long

長い

short

短い

new

新しい

old

古い

circle

円

triangle

三角形

star

星形

聞く
話す
読む
書く

英語のトビラ triangle の tri は「3」を表すよ。triple［トゥリプル］は「3倍の」、tricycle［トゥライスィクル］は「三輪車」、trio［トゥリーオウ］は「3人組」という意味だよ。

もくひょう
身の回りのものを英語で言えるようになりましょう。

ほしいもののたずね方 ②

きほんのワーク

身の回りのものを表すことばをおぼえよう！

⭐ リズムに合わせて、声に出して言いましょう。 ✓言えたらチェック □□□ ♪a38

☐ **watch** ★watches
うで時計

☐ **T-shirt** ★T-shirts
Tシャツ

☐ **cap** ★caps
（ふちのない）ぼうし

☐ **hat** ★hats
（ふちのある）ぼうし

☐ **glove** ★gloves
グローブ、手ぶくろ

☐ **sweater** ★sweaters
セーター

☐ **bat** ★bats
バット

☐ **racket** ★rackets
ラケット

☐ **bike** ★bikes
自転車

ワードボックス ♪a39

☐ bus(es) バス ☐ car(s) 自動車 ☐ train(s) 電車
☐ boat(s) ボート ☐ airplane(s) ひこうき ☐ subway(s) 地下鉄

発音コーチ
カタカナ語との発音のちがいや、強く読むところに気をつけましょう。
wátch glóve swéater rácket

※▼のついているところが強く読むところです。

★…2ついじょうのときの形

☆読みながらなぞって、2回書きましょう。

watch

うで時計

T-shirt

Tシャツ

cap

（ふちのない）ぼうし

hat

（ふちのある）ぼうし

glove

グローブ、手ぶくろ

sweater

セーター

bat

バット

racket

ラケット

bike

自転車

 「地下鉄」はイギリスでは underground［アンダグラウンド］と言うよ。会話では tube［テューブ］とも言うよ。

ほしいもののたずね方 ③

もくひょう
ほしいものを英語でた
ずねられるようになり
ましょう。

♪a40

きほんのワーク

① ほしいものの言い方

✓言えたらチェック ☐☐☐

A big yellow star, please.
大きな黄色の星形をください。

Here you are.
はい、どうぞ。

❀「〜をください」は、〜, please. と言います。

❀ものをわたすときは、Here you are.（はい、どうぞ）と言います。

🔊 声に出して言ってみよう　☐に入ることばを入れかえて言いましょう。

A big yellow star , please.

— Here you are.

- Two blue triangles
- Three small red hearts

➕ちょこっとプラス
ものの様子を表すことば
はふつう、数→大きさ→
新しい・古い→色のじゅ
んにおきます。
れい a big yellow star
大きさ↑　色

② ほしいもののたずね方・答え方

✓言えたらチェック ☐☐☐

What do you want?
あなたは何がほしいですか。

I want a T-shirt.
わたしはTシャツがほしいです。

❀「あなたは何がほしいですか」は、What do you want? と言います。

❀答えるときは①のほかに、I want 〜.（わたしは〜がほしいです）とも言います。

🔊 声に出して言ってみよう　☐に入ることばを入れかえて言いましょう。

たずね方 What do you want?

答え方 I want a T-shirt .

- a watch ・a cap
- gloves ・a bike

📝表現べんり帳
「わたしは新しいぼうし
がほしいです」は、
I want a new cap.
と言います。

ステップアップ How many 〜 do you want? は「あなたはいくつ〜がほしいですか」という意味です。
れい How many stars do you want? — Two, please. あなたはいくつ星がほしいですか。— 2つください。

書いて練習のワーク

☆ 読みながらなぞって、もう1回書きましょう。

A big yellow star, please.

大きな黄色の星形をください。

Here you are.

はい、どうぞ。

What do you want?

あなたは何がほしいですか。

I want a T-shirt.

わたしはTシャツがほしいです。

What do you want?

あなたは何がほしいですか。

I want a watch.

聞く
話す
読む
書く

わたしはうで時計がほしいです。

 「Tシャツ」はTの形ににているからその名前になったと言われているよ。でも「ワイシャツ」はYの形ではなく、日本に入ってきたときに white shirt（白いシャツ）がそう聞こえたからだと言われているよ。

89

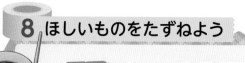

8 ほしいものをたずねよう

聞いて練習のワーク

できた数
／8問中

音声

答え 7ページ

1 音声を聞いて、英語に合う絵を下からえらんで、記号を（　）に書きましょう。

(1) (　　　)　　(2) (　　　)　　(3) (　　　)　　(4) (　　　)　　♪ t23

ア

イ

ウ

エ

2 音声を聞いて、それぞれがほしいものを線でむすびましょう。　♪ t24

Satoru

 ・

・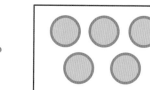

Emi

 ・

・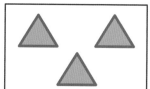

Taku

 ・

・

Saori

 ・

・

まとめのテスト

ほしいもののたずね方

とく点　　/50点

答え　7ページ

時間 20分

1 日本語の意味を表す英語を ⌐⌐⌐ からえらんで、＝＝ に書きましょう。

1つ5点〔20点〕

(1) 長い

(2) 大きい

(3) 短い

(4) 古い

⌐⌐⌐⌐⌐⌐⌐⌐
old
long
big
short
small
⌐⌐⌐⌐⌐⌐⌐⌐

2 日本語の意味を表す英語の文を ⌐⌐⌐ からえらんで、＝＝ に書きましょう。

(1) あなたは何がほしいですか。

1つ10点〔30点〕

(2) 〔(1)に答えて〕　わたしは新しい自転車がほしいです。

(3) はい、どうぞ。

⌐⌐⌐⌐⌐⌐⌐⌐⌐⌐⌐⌐⌐⌐⌐⌐⌐⌐⌐⌐⌐⌐
What do you want?　/　Here you are.
What sport do you like?　/　I like bikes.
I want a new bike.
⌐⌐⌐⌐⌐⌐⌐⌐⌐⌐⌐⌐⌐⌐⌐⌐⌐⌐⌐⌐⌐⌐

聞く
話す
読む
書く

もくひょう
動物などを英語で言え
るようになりましょう。

音声

「あなたはだれですか」のたずね方 ①

きほんのワーク

動物などを表すことばをおぼえよう！

⭐ リズムに合わせて、声に出して言いましょう。 ✔言えたらチェック □□□ ♪ a41

| □ **rabbit** ★rabbits | □ **mouse** ★mice | □ **cow** ★cows |
| ウサギ | ネズミ | ウシ |

| □ **snake** ★snakes | □ **tiger** ★tigers | □ **sheep** ★sheep |
| ヘビ | トラ | ヒツジ |

| □ **chicken** ★chickens | □ **wild boar** ★wild boars | □ **dragon** ★dragons |
| ニワトリ | イノシシ | リュウ |

ワードボックス
♪ a42

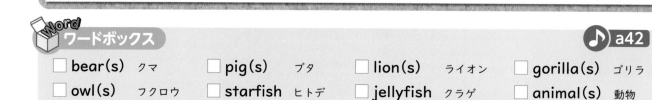

| □ bear(s) クマ | □ pig(s) ブタ | □ lion(s) ライオン | □ gorilla(s) ゴリラ |
| □ owl(s) フクロウ | □ starfish ヒトデ | □ jellyfish クラゲ | □ animal(s) 動物 |

ことば かいせつ

2 ついじょうのときの形が、s や es をつけるのではないものに注意しましょう。
【形がかわるもの】a mouse → two mice　　【同じ形のもの】a sheep → two sheep

★…2 ついじょうのときの形

書いて練習のワーク

☆ 読みながらなぞって、1〜2回書きましょう。

rabbit

ウサギ

mouse

ネズミ

cow

ウシ

snake

ヘビ

tiger

トラ

sheep

ヒツジ

chicken

ニワトリ

wild boar

イノシシ

聞く

話す

読む

書く

dragon

リュウ

cow はメスのウシや乳牛のことだよ。オスのウシは ox［アックス］や bull［ブル］と言うよ。また chicken はニ
ワトリ全体を指すけど、オスのニワトリは rooster［ルースタァ］、メスのニワトリは hen［ヘン］と言うよ。

「あなたはだれですか」のたずね方 ②

きほんのワーク

もくひょう

相手について英語でたずねられるようになりましょう。

動画

♪a43

1 「あなたは〜ですか」のたずね方

✓言えたらチェック □□□

Are you a mouse?
あなたはネズミですか。

Yes, I am.
はい、そうです。

❀「あなたは〜ですか」は、Are you 〜? と言います。

❀答えるときは、Yes, I am.（はい、そうです）や No, I'm not.（いいえ、ちがいます）と言います。

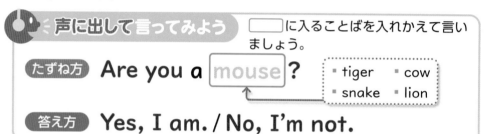

声に出して言ってみよう　　□に入ることばを入れかえて言いましょう。

たずね方 Are you a mouse ?
　・tiger　・cow
　・snake　・lion

答え方 Yes, I am. / No, I'm not.

💡思い出そう

Are you OK? は「だいじょうぶですか」という意味です。

2 「あなたはだれですか」のたずね方

✓言えたらチェック □□□

Who are you?
あなたはだれですか。

I'm a rabbit.
わたしはウサギです。

❀「あなたはだれですか」は、Who are you? と言います。

❀答えるときは、I'm 〜.（わたしは〜です）と言います。

声に出して言ってみよう　　□に入ることばを入れかえて言いましょう。

たずね方 Who are you?

答え方 I'm a rabbit .
　・sheep　・chicken
　・wild boar　・dragon

➕ちょこっとプラス

クイズなどで「わたしはだれですか」とたずねるときは、Who am I? と言います。答えるときは、You are 〜.（あなたは〜です）と言います。

ステップアップ

はじめて会う人に Who are you? とたずねるのはしつれいにあたるので、「お名前を聞いてもよろしいですか」という意味の May［メイ］I ask［アスク］your name? などを使います。

書いて練習のワーク

☆ 読みながらなぞって、もう1回書きましょう。

Are you a mouse?

あなたはネズミですか。

Yes, I am.

はい、そうです。

Are you a tiger?

あなたはトラですか。

No, I'm not.

いいえ、ちがいます。

Who are you?

あなたはだれですか。

I'm a rabbit.

わたしはウサギです。

Who are you?

あなたはだれですか。

I'm a sheep.

わたしはヒツジです。

 英語で「お店屋さんごっこをする」などの「〜ごっこをする」は、play 〜 を使います。
れい Let's play shop!　お店屋さんごっこをしよう！　　shop [シャップ]：店

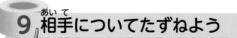

聞いて練習のワーク

答え 8ページ

1 音声を聞いて、会話のないようが絵と合っていれば〇、合っていなければ×を
（　）に書きましょう。　♪ t25

(1)

（　　　　）

(2)

（　　　　）

(3)

（　　　　）

(4)

（　　　　）

2 音声を聞いて、会話のないように合う絵を下からえらんで、記号を（　）に書き
ましょう。　♪ t26

(1) （　　　　　） (2) （　　　　　） (3) （　　　　　） (4) （　　　　　）

ア

イ

ウ

エ

まとめのテスト

「あなたはだれですか」のたずね方

とく点

/50点

時間 **20** 分

答え 8ページ

1 日本語の意味を表す英語を ⬚ からえらんで、▭ に書きましょう。

1つ6点〔30点〕

(1) ウサギ

(2) ウシ

(3) ニワトリ

(4) ネズミ

(5) トラ

tiger
chicken
rabbit
snake
mouse
cow

2 日本語の意味に合うように、（　）の中から正しいほうをえらんで、▭ でかこみましょう。

1つ5点〔20点〕

(1) あなたはヒツジですか。

(Do / Are) you a sheep?

(2) 〔(1)に答えて〕　はい、そうです。

Yes, (I am / I'm not).

(3) あなたはだれですか。

(What / Who) are you?

(4) 〔(3)に答えて〕　わたしはリュウです。

(I / I'm) a dragon.

聞く
話す
読む
書く

リーディング レッスン

音声

答え 8ページ

⭐ 音声を聞いて、3回読みましょう。

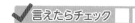言えたらチェック □□□   ♪ r03

Girl: Who are you?

Boy: I'm a sales clerk at a fruit shop.

Girl: I see.

Boy: What do you want?

Girl: Apples, please.

Boy: How many?

Girl: Two, please.

Boy: Here you are.

Girl: Thank you.

sales clerk：店員　　at：（場所を表して）～で、～に　　shop：店　　I see.：わかりました。

98

文章のないようについて、次のしつもんに答えましょう。

(1) 男の子は何の店の店員だと言っていますか。下からえらんで、記号を（ ）に書きましょう。

　ア　魚屋さん　　イ　くだもの屋さん　　ウ　お肉屋さん　　（　　　　）

(2) 女の子は何をいくつほしいと言っていますか。（ ）にカタカナと数字で書きましょう。

　（　　　　　　　　　　）を（　　　　　　）つほしい。

⭐英文をなぞって書きましょう。

Who are you?

I see.

What do you want?

Apples, please.

How many?

Two, please.

Here you are.

Thank you.

聞く
話す
読む
書く

実力判定テスト
学年末のテスト 🌸

時間
30分

名前

とく点

/100点

🔊音声

答え　11ページ

1 音声を聞いて答える問題です。英語に合う絵を下からえらんで、記号を（　）に書きましょう。

1つ5点〔20点〕　♪t27

(1) (　　　　)　　(2) (　　　　)　　(3) (　　　　)　　(4) (　　　　)

ア

イ

ウ

エ

2 音声を聞いて答える問題です。しつもんと、その答えとしてア、イ、ウの3つの文が読まれます。絵を見てしつもんに合う答えをえらんで、記号を（　）に書きましょう。

1つ7点〔28点〕　♪t28

(1)

(2)

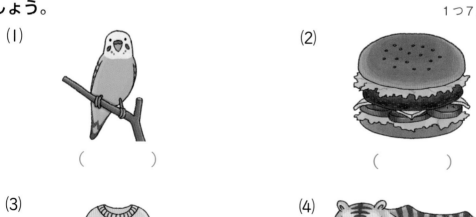

(　　　　)

(　　　　)

(3)

(4)

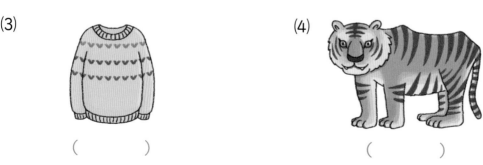

(　　　　)

(　　　　)

3 日本語の意味になるように　[....]　からえらんで、　___　に英語を書きましょう。文のさいしょにくることばは大文字で書きはじめましょう。　　1つ8点〔32点〕

(1) あなたはクマですか。

___ you a bear?

(2) 〔(1)に答えて〕　はい、そうです。

Yes, I ___ .

(3) あなたはテニスがすきですか。

___ you like tennis?

(4) 〔(3)に答えて〕　いいえ、すきではありません。

No, I ___ .

am / is / are / do / isn't / don't

4 しつもんに合う答えの文を　[....]　からえらんで、　___　に書きましょう。　1つ10点〔20点〕

(1) What do you want?

___

(2) Who are you?

___

I'm a lion. / I'm happy.
I like English. / I want three lemons.

101

家族／教室で使う英語

プラスワーク

 🔊音声

① 家族

✔ 言えたらチェック □□□　♪a44

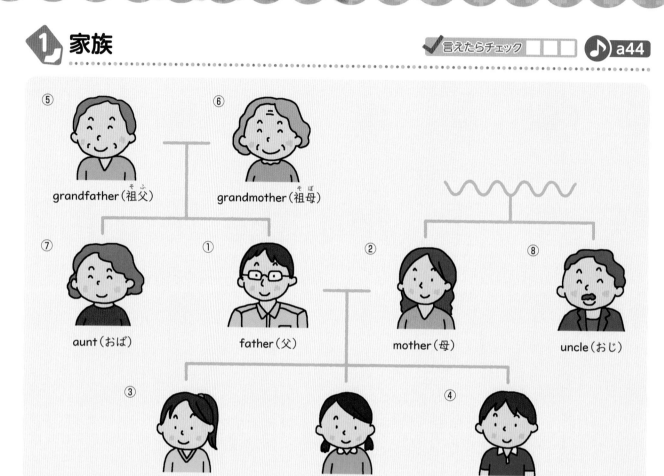

⑤ grandfather（祖父）　⑥ grandmother（祖母）

⑦ aunt（おば）　① father（父）　② mother（母）　⑧ uncle（おじ）

③ sister（姉、妹）　Ⅰ（わたし）　④ brother（兄、弟）

⭐なぞって書きましょう。

father	mother
父、お父さん	母、お母さん
sister	brother
姉、妹	兄、弟
grandfather	grandmother
祖父、おじいさん	祖母、おばあさん
aunt	uncle
おば	おじ

② 教室で使う英語

●先生から

Stand up.

（立ってください）

Sit down.

（すわってください）

Open your textbook.

（テキストを開いてください）

Make a pair.

（ペアになってください）

●先生へ

Listen to me carefully.

（話をよく聞いてください）

Repeat after me.

（あとについて言ってください）

Pardon me?

（もう一度言ってください）

I have a question.

（しつもんがあります）

☆ なぞって書きましょう。

Stand up.

立ってください。

Sit down.

すわってください。

Open your textbook.

テキストを開いてください。

Make a pair.

ペアになってください。

Repeat after me.

あとについて言ってください。

Pardon me?

もう一度言ってください。

I have a question.

しつもんがあります。

ローマ字表

〔ヘボン式〕

※[　]は訓令式です。

	A	I	U	E	O			
A	a ア	i イ	u ウ	e エ	o オ			
K	ka カ	ki キ	ku ク	ke ケ	ko コ	kya キャ	kyu キュ	kyo キョ
S	sa サ	shi [si] シ	su ス	se セ	so ソ	sha [sya] シャ	shu [syu] シュ	sho [syo] ショ
T	ta タ	chi [ti] チ	tsu [tu] ツ	te テ	to ト	cha [tya] チャ	chu [tyu] チュ	cho [tyo] チョ
N	na ナ	ni ニ	nu ヌ	ne ネ	no ノ	nya ニャ	nyu ニュ	nyo ニョ
H	ha ハ	hi ヒ	fu [hu] フ	he ヘ	ho ホ	hya ヒャ	hyu ヒュ	hyo ヒョ
M	ma マ	mi ミ	mu ム	me メ	mo モ	mya ミャ	myu ミュ	myo ミョ
Y	ya ヤ	—	yu ユ	—	yo ヨ			
R	ra ラ	ri リ	ru ル	re レ	ro ロ	rya リャ	ryu リュ	ryo リョ
W	wa ワ	—	—	—	—			
N	n ン							
G	ga ガ	gi ギ	gu グ	ge ゲ	go ゴ	gya ギャ	gyu ギュ	gyo ギョ
Z	za ザ	ji [zi] ジ	zu ズ	ze ゼ	zo ゾ	ja [zya] ジャ	ju [zyu] ジュ	jo [zyo] ジョ
D	da ダ	ji [di] ヂ	zu [du] ヅ	de デ	do ド			
B	ba バ	bi ビ	bu ブ	be ベ	bo ボ	bya ビャ	byu ビュ	byo ビョ
P	pa パ	pi ピ	pu プ	pe ペ	po ポ	pya ピャ	pyu ピュ	pyo ピョ

アプリで練習！

重要表現まるっと整理

● この章は、ふろくのスマートフォンアプリ『文理のはつおん上達アプリ おん達』を使用して学習します。

アプリアイコン 　ダウンロードはこちらから ▶

● アプリをダウンロードしたら、アクセスコードを入力してごりようください。

アクセスコード ▶ E2GKCF6a

※アクセスコード入力時から15か月間ごりようになれます。

アプリの特長

● アプリでお手本を聞いて、自分の英語をふきこむと、AIがさい点します。
● 点数は「流暢度」「発音」「完成度」の3つと、総合点が出ます。
● 会話の役ごとに練習ができます。

アプリの使い方

❶ホーム画面下の「かいわ」をえらびます。
❷学習したいタイトルをおします。

トレーニング

❶ 🔊 をおしてお手本の音声を聞きます。
❷ 🎤 をおして英語をふきこみます。
❸点数をかくにんします。

・点数が高くなるように何度もくりかえし練習しましょう。
・ ⏱ をおすとふきこんだ音声を聞くことができます。

チャレンジ

❶カウントダウンのあと会話が始まります。
❷ 🎤 が光ったら英語をふきこみます。
❸ふきこんだら 🎤 をおします。
❹"Role Change!"と出たら役をかわります。

第1回

じこしょうかい
重要表現まるっと整理

3-01

🔊音声

☆アプリを使って会話の練習をしましょう。80点以上になるように何度も練習しましょう。

トレーニング　じこしょうかいの表現を練習しましょう。＿＿の部分をかえて練習しましょう。

♪ s01

☐① Hello, I'm Ken.　　　　こんにちは、わたしはケンです。
　　・Saori　・Tom　・Emma

☐② What's your name?　　　あなたの名前は何ですか。

☐③ My name is Lisa.　　　わたしの名前はリサです。
　　・Nanda　・Mei　・Taku

☐④ I'm from America.　　　わたしはアメリカ出身です。
　　・India　・China　・Japan

しっかり
聞こう！

チャレンジ　じこしょうかいの会話を練習しましょう。

♪ s02

Hello, I'm Ken.
What's your name?

My name is Lisa.
I'm from America.

第 **2** 回

気持ちや様子について
重要表現まるっと整理

3-02

🔊 音声

⭐ アプリを使って会話の練習をしましょう。80点以上になるように何度も練習しましょう。

トレーニング 　気持ちや様子についての表現を練習しましょう。___ の部分をかえて練習しましょう。

♪ s03

☐① How are you? 　　　　元気ですか。

☐② I'm happy. 　　　　　わたしは楽しいです。
　　　· great · fine · good

☐③ Are you OK? 　　　　だいじょうぶですか。

☐④ I'm hungry. 　　　　わたしはおなかがすいています。
　　　· sleepy · sad · tired

チャレンジ 　気持ちや様子についての会話を練習しましょう。

♪ s04

How are you? 　　　　I'm happy.

Are you OK? 　　　　I'm hungry.

聞く
話す
読む
書く

第3回

これ［あれ］は何かについて
重要表現まるっと整理

3-03

🔊音声

⭐ アプリを使って会話の練習をしましょう。80点以上になるように何度も練習しましょう。

トレーニング　これ［あれ］は何かについての表現を練習しましょう。＿＿の部分をかえて練習しましょう。

♪ s05

□① What's this?　　　　　　　　これは何ですか。
　　　・that

□② It's a pen.　　　　　　　　それはペンです。
　　　・pencil case ・bag ・dog

大きな声で言おう

□③ Is this your pen?　　　　　これはあなたのペンですか。
　　　・that　　　・pencil case ・bag ・dog

□④ Yes, it is.　　　　　　　　はい、そうです。
　　　・No, it isn't.

チャレンジ　これ［あれ］は何かについての会話を練習しましょう。

♪ s06

What's this?

It's a pen.

Is this your pen?

Yes, it is.

第4回 もの数について

重要表現まるっと整理

3-04

お

🔊音声

✿ アプリを使って会話の練習をしましょう。80点以上になるように何度も練習しましょう。

トレーニング もの数についての表現を練習しましょう。＿＿の部分をかえて練習しましょう。

♪ s07

☐① How many bananas?　　バナナはいくつですか。

・melons ・strawberries ・oranges

☐② Three bananas.　　バナナは3つです。

・Two melons. ・Eight strawberries. ・Seven oranges.

☐③ How many tomatoes?　　トマトはいくつですか。

・onions ・lemons ・carrots

☐④ Five tomatoes.　　トマトは5つです。

・Four onions. ・Six lemons. ・Nine carrots.

チャレンジ もの数についての会話を練習しましょう。

♪ s08

🎧聞く
🎤話す
📖読む
✏書く

第5回 すきなものについて ①
重要表現まるっと整理

3-05

🔊音声

✿ アプリを使って会話の練習をしましょう。80点以上になるように何度も練習しましょう。

トレーニング すきなものについての表現を練習しましょう。＿＿の部分をかえて練習しましょう。

♪s09

□① Do you like <u>apples</u>?　　　　　　あなたはリンゴがすきですか。
　　　・grapes　・pink　・yellow

□② <u>Yes, I do.</u>　　　　　　　　　　　はい、すきです。
　　　・No, I don't.

□③ What <u>fruit</u> do you like?　　　　あなたはどんなくだものがすきですか。
　　　・color
　　　　　　　　　　　　　　　　　　　　　　　がんばって！

□④ I like <u>peaches.</u>　　　　　　　　　わたしはモモがすきです。
　　　・oranges　・black　・purple

チャレンジ すきなものについての会話を練習しましょう。

♪s10

Do you like apples?

Yes, I do.

What fruit do you like?

I like peaches.

110

第6回 すきなものについて ②

重要表現まるっと整理

3-06

🔊音声

⭐ アプリを使って会話の練習をしましょう。80点以上になるように何度も練習しましょう。

トレーニング すきなものについての表現を練習しましょう。＿＿の部分をかえて練習しましょう。

♪ s11

☐① What food do you like?　あなたはどんな食べものがすきですか。

☐② I like pizza.　わたしはピザがすきです。
・hamburgers ・spaghetti ・sandwiches

☐③ What sport do you like?　あなたはどんなスポーツがすきですか。

☐④ I like baseball.　わたしは野球がすきです。
・soccer ・basketball ・tennis

チャレンジ すきなものについての会話を練習しましょう。

♪ s12

What food do you like?

I like pizza.

What sport do you like?

I like baseball.

聞く
話す
読む
書く

第7回 ほしいものについて 重要表現まるっと整理

3-07

🔊音声

☆アプリを使って会話の練習をしましょう。80点以上になるように何度も練習しましょう。

トレーニング ほしいものについての表現を練習しましょう。___の部分をかえて練習しましょう。

♪ s13

☐① **What do you want?**　　あなたは何がほしいですか。

☐② **A watch, please.**　　うで時計をください。

　　・A T-shirt ・A cap ・A hat

☐③ **Here you are.**　　はい、どうぞ。

☐④ **Thank you.**　　ありがとう。

何回も
練習！

チャレンジ ほしいものについての会話を練習しましょう。

♪ s14

What do you want?

おみせやさん

A watch, please.

Here you are.

Thank you.

おみせやさん

112

教科書ワーク

答えとてびき

「答えとてびき」は、とりはずすことができます。

小学校の
英語活動に対応

英語3年

使い方

まちがえた問題は、もう一度よく読んで、なぜまちがえたのかを考えましょう。音声を聞き直して、あとにつづいて言ってみましょう。

1 アルファベットをおぼえよう

14ページ　聞いて練習のワーク

❶ (1) I　(2) U　(3) B　(4) T
(5) g　(6) m　(7) d　(8) q

❷ (1)

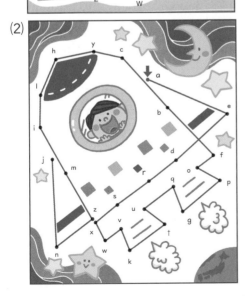

(2)

てびき　❶ 発音や字の形がにているアルファベットに注意しましょう。

読まれた英語
❶ しょうりゃく
❷ しょうりゃく

15ページ　まとめのテスト

1 (1) ABCDEF　(2) HIJKLM
(3) opqrst　(4) uvwxyz

2 (1) B、D、F、G、J、
M、N、Q、R、T、
U、W、Y

(2) b、d、e、g、i、
j、m、n、r、t、
u、v、y

てびき　1 2 アルファベットのじゅんじょを正しくおぼえましょう。
ABCDEFGHIJKLMNOPQRSTUVWXYZ
abcdefghijklmnopqrstuvwxyz

1

2 英語であいさつをしよう

❶ (1)イ (2)ウ (3)エ (4)ア

❷

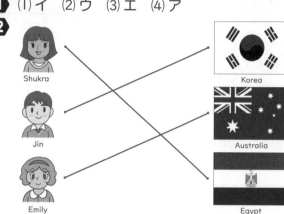

Shukra ── Egypt
Jin ── Korea
Emily ── Australia

てびき ❶ (1) Good afternoon. は「こんにちは」、(2) Good evening. は「こんばんは」、(3) See you. は「さようなら、またね」、(4) Good morning. は「おはよう」という意味です。
❷ I'm from 〜. は「わたしは〜出身です」という意味です。from のあとの国名を表すことばに注意して聞きましょう。

📢 **読まれた英語**

❶ (1) Good afternoon. (2) Good evening.
(3) See you. (4) Good morning.

❷ Hello. I'm Shukra. I'm from Egypt.
Nice to meet you.
Hi. I'm Jin. I'm from Korea.
Nice to meet you.
Hi. I'm Emily. I'm from Australia.
Nice to meet you.

23ページ まとめのテスト

❶ (1) おはよう。 ── Good evening.
(2) こんにちは。 ── Good afternoon.
(3) こんばんは。 ── Goodbye.
(4) さようなら。 ── Good morning.

❷ (1) Nice to meet you.
(2) My name is Taku.

---

(3) What's your name?

てびき ❶ (1)「おはよう」は Good morning.、(2)「こんにちは」は Good afternoon.、(3)「こんばんは」は Good evening.、(4)「さようなら」は Goodbye. と言います。
❷ (1)「はじめまして」は Nice to meet you.、(2)「わたしの名前は〜です」は My name is 〜.、(3)「あなたの名前は何ですか」は What's your name? と言います。

3 気持ちや様子をつたえよう

28ページ 聞いて練習のワーク

❶ (1)○ (2)× (3)× (4)○

❷

Taku / Emi / Ken / Yuki / Satoru

happy / sleepy / hungry / sad / fine

てびき ❶ I'm のあとに気持ちや様子を表すことばがきます。
❷ How are you? は「お元気ですか」という意味です。I'm 〜. で答えます。

📢 **読まれた英語**

❶ (1) I'm happy. (2) I'm full.
(3) I'm fine. (4) I'm sleepy.

❷ How are you, Ken? ― I'm fine.
How are you, Yuki? ― I'm happy.
How are you, Taku? ― I'm hungry.
How are you, Emi? ― I'm sad.
How are you, Satoru? ― I'm sleepy.

29ページ まとめのテスト

❶ (1) 空腹な (2) ねむい
(3) 楽しい (4) おなかがいっぱいの
(5) つかれた

2 (1) How are you?

(2) I'm fine.

てびき **1** (1) hungry は「空腹な」、(2) sleepy は「ねむい」、(3) happy は「楽しい」、(4) full は「おなかがいっぱいの」、(5) tired は「つかれた」という意味です。

2 (1)(2)「お元気ですか」は How are you? と言います。答えるときは、I'm 〜.（わたしは〜です）と言います。

4 身の回りのものについてせつめいしよう

34ページ 聞いて練習のワーク

❶ (1)○ (2)× (3)○ (4)×

❷
Ken
Yuki
Emi
Satoru

てびき **❶❷** This is 〜. は「これは〜です」という意味です。That's 〜. / That is 〜. は「あれは〜です」という意味です。

📢 **読まれた英語**

❶ (1) This is a crayon.
(2) This is a ruler.
(3) That is a ball.
(4) That's a pencil sharpener.

❷ My name is Ken. This is my book.
My name is Yuki. This is my bag.
My name is Emi. That's my pen.
My name is Satoru. That is my eraser.

35ページ まとめのテスト

1 (1) This (2) That's

(3) That

2 (1) my (2) your (3) my (4) a

てびき **1** (1)「これは〜です」は、This is 〜. と言います。

(2)(3)「あれは〜です」は、That's 〜. / That is 〜. と言います。(3) は空所のうしろに is があるので That のみです。

2 「わたしの」は my、「あなたの」は your と言います。(4) pen は数えられるのでその前に a をおきます。

42ページ 聞いて練習のワーク

❶ (1)ア (2)イ (3)イ (4)ア

❷ (1)エ (2)ア (3)イ (4)ウ

てびき **❶** Is this 〜? は「これは〜ですか」、Is that 〜? は「あれは〜ですか」という意味です。Yes, it is.（はい、そうです）や No, it isn't.（いいえ、ちがいます）と答えます。

❷ What's this? は「これは何ですか」、What's that? は「あれは何ですか」という意味です。It's 〜. は「それは〜です」と答えます。

📢 **読まれた英語**

❶ (1) Is this a desk?
(2) Is this a dog?
(3) Is that a calendar?
(4) Is that a bird?

❷ (1) What's this? — It's a chair.
(2) What's that? — It's a rainbow.
(3) What's this? — It's a horse.
(4) What's that? — It's a bed.

1 (1) Is　(2) it

(3) What's　(4) It's

2 (1) No, it isn't.

(2) It's a cat.

てびき　**1** (1)(2)「これは～ですか」は、Is this ～? と言います。「はい、そうです」は、Yes, it is. と言います。
(3)(4)「あれは何ですか」は、What's that? と言います。「それは～です」は It's ～. と言います。
2 (1) Is that your bag? は「あれはあなたのかばんですか」という意味です。Yes, it is. (はい、そうです) や No, it isn't. (いいえ、ちがいます) と答えます。
(2) What's this? は「これは何ですか」という意味です。It's ～. (それは～です) と答えます。

44～45 ページ **リーディングレッスン**

(1) アメリカ
(2) マリ
(3) イ

てびき　(1) 男の子の1つ目の発言に、I'm from America. (わたしはアメリカ出身です) とあります。I'm from ～. は「わたしは～出身です」という意味です。
(2) 女の子の1つ目の発言に、I'm Mari. (わたしはマリです) とあります。I'm ～. で「わたしは～です」という意味です。
(3) 女の子の2つ目の発言に、It's my dog, Riri. (それはわたしのイヌのリリです) とあります。

---

5 数えてみよう

54 ページ **聞いて練習のワーク**

1
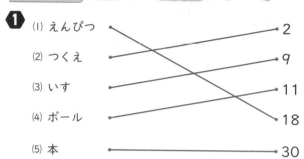
(1) えんぴつ ──── 18
(2) つくえ ──── 2
(3) いす ──── 9
(4) ボール ──── 11
(5) 本 ──── 30

2 (1) 4　(2) 8　(3) 6　(4) 10

てびき　**1** 数を表すことばに注意して聞きましょう。
2 How many ～? は「～はいくつですか」という意味です。(1) cats は「ネコ」、(2) birds は「鳥」、(3) cups は「カップ」、(4) pens は「ペン」という意味です。それぞれ2ついじょうのときの形です。

📢 **読まれた英語**

1 (1) eighteen pencils　(2) two desks
(3) nine chairs　(4) eleven balls
(5) thirty books
2 (1) How many cats?
(2) How many birds?
(3) How many cups?
(4) How many pens?

55 ページ **まとめのテスト**

1 (1) twelve　(2) eighteen

(3) sixteen　(4) thirty

(5) twenty

2 (1) boxes　(2) horses　(3) How、tree

てびき　**1** 計算の答えは、(1) 12、(2) 18、(3) 16、(4) 30、(5) 20 です。
2 1より大きな数のときは、ものの名前を2ついじょうのときの形にします。(3)「～はいくつ[何本]ですか」は How many ～? と言います。

6 すきなものをつたえよう

62 ページ 🎧 聞いて練習のワーク

❶ (1) ×　(2) ○　(3) ○　(4) ×

❷

	名　前	リンゴ	ニンジン	トマト
(1)	Haruka	（ ○ ）	（ ○ ）	（ × ）
(2)	Taku	（ × ）	（ ○ ）	（ ○ ）
(3)	Yuki	（ ○ ）	（ × ）	（ ○ ）
(4)	Satoru	（ ○ ）	（ × ）	（ × ）
(5)	Emi	（ × ）	（ ○ ）	（ ○ ）

てびき　❶ ❷ I like ～. は「わたしは～がすきです」、I don't like ～. は「わたしは～がすきではありません」という意味です。don't に注意しましょう。

📢 **読まれた英語**

❶ (1) I don't like oranges.
(2) I like eggplants.
(3) I like bananas.
(4) I don't like potatoes.

❷ (1) My name is Haruka. I like apples.
I like carrots. I don't like tomatoes.
(2) My name is Taku. I don't like apples.
I like carrots. I like tomatoes.
(3) My name is Yuki. I like apples.
I don't like carrots. I like tomatoes.
(4) My name is Satoru. I like apples.
I don't like carrots. I don't like tomatoes.
(5) My name is Emi. I don't like apples.
I like carrots. I like tomatoes.

63 ページ まとめのテスト

1 (1) like　(2) don't
(3) and

2 (1) I like vegetables.
(2) I don't like lemons.

てびき　**1** (1)「わたしは～がすきです」は、I like ～. と言います。
(2)「わたしは～がすきではありません」は、I don't like ～. と言います。
(3) 2つか、それより多くものをならべるときは and を使います。
2「すきです」なのか「すきではありません」なのかに注意しましょう。

7 すきなものをたずねよう

70 ページ 🎧 聞いて練習のワーク

❶ (1) ○　(2) ×　(3) ×　(4) ○

❷

てびき　❶ Do you like ～? は「あなたは～がすきですか」、Yes, I do. は「はい、すきです」、No, I don't. は「いいえ、すきではありません」という意味です。
❷ What food do you like? は「あなたはどんな食べものがすきですか」、I like ～. は「わたしは～がすきです」という意味です。

📢 **読まれた英語**

❶ (1) Do you like cake?
— Yes, I do.
(2) Do you like shaved ice?
— No, I don't.
(3) Do you like orange juice?
— No, I don't.
(4) Do you like milk?
— Yes, I do.

❷ What food do you like, Emi?
— I like spaghetti.
What food do you like, Taku?

— I like noodles.
What food do you like, Saori?
— I like hamburgers.
What food do you like, Ken?
— I like sandwiches.

71ページ まとめのテスト

1 (1) egg　(2) bread
(3) hamburger
(4) cake　(5) water

2 (1) Do　(2) don't　(3) What　(4) like

てびき
1 (1)「たまご」は egg、(2)「パン」は bread、(3)「ハンバーガー」は hamburger、(4)「ケーキ」は cake、(5)「水」は water と言います。
2 (1)(2)「あなたは～がすきですか」は、Do you like ～? と言います。「いいえ、すきではありません」と答えるときは、No, I don't. と言います。
(3)(4)「あなたはどんな食べものがすきですか」は、What food do you like? と言います。「わたしは～がすきです」は、I like ～. と言います。

78ページ 聞いて練習のワーク

❶ (1)×　(2)○　(3)×　(4)○

❷

名前	色	スポーツ
(1) Ken	(エ)	(オ)
(2) Emi	(イ)	(ク)
(3) Taku	(ウ)	(キ)
(4) Yuki	(ア)	(カ)

てびき
❶ (1) red は「赤」、(2) black は「黒」、(3) dodgeball は「ドッジボール」、(4) table tennis は「卓球」という意味です。

❷ What color do you like? は「あなたは何色がすきですか」、What sport do you like? は「あなたはどんなスポーツがすきですか」、I like ～. は「わたしは～がすきです」という意味です。

🔊 読まれた英語
❶ (1) red　(2) black
(3) dodgeball　(4) table tennis
❷ (1) What color do you like, Ken?
　　— I like white.
　　What sport do you like?
　　— I like swimming.
(2) What color do you like, Emi?
　　— I like pink.
　　What sport do you like?
　　— I like soccer.
(3) What color do you like, Taku?
　　— I like green.
　　What sport do you like?
　　— I like baseball.
(4) What color do you like, Yuki?
　　— I like yellow.
　　What sport do you like?
　　— I like tennis.

79ページ まとめのテスト

1 (1) volleyball　(2) dodgeball
(3) swimming　(4) orange
(5) purple

2 (1) I like basketball.
(2) I like brown.

てびき
1 (1)「バレーボール」は volleyball、(2)「ドッジボール」は dodgeball、(3)「水泳」は swimming、(4)「だいだい」は orange、(5)「むらさき」は purple と言います。
2 (1) What sport do you like? は「あなたはどんなスポーツがすきですか」という意味です。I like basketball. (わたしはバスケットボー

ルがすきです）をえらびます。
(2) What color do you like? は「あなたは何色が
　すきですか」という意味です。I like brown.
　（わたしは茶色がすきです）をえらびます。

📓 **80〜81** ページ **リーディングレッスン**

(1) すし、なっとう
(2) なっとう

📝 **てびき**　　(1) 女の子の1つ目の発言に I like sushi.
（わたしはすしがすきです）、女の子の2つ目
の発言に I like *natto* very much.（わたしは
なっとうが大すきです）とあります。I like
〜. は「わたしは〜がすきです」という意味です。
(2) 男の子の2つ目の発言に、I don't like *natto*.
（わたしはなっとうがすきではありません）と
あります。I don't like 〜. で「わたしは〜が
すきではありません」という意味です。

8 ほしいものをたずねよう

📓 **90** ページ **聞いて練習のワーク**

❶ (1) イ　(2) ウ　(3) エ　(4) ア
❷

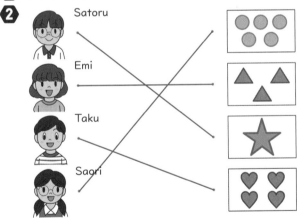

Satoru
Emi
Taku
Saori

📝 **てびき**　　❶ (1) hat は「（ふちのある）ぼうし」、
(2) racket は「ラケット」、(3) T-shirt は「Tシャ
ツ」、(4) watch は「うで時計」という意味です。
❷ What do you want? は「あなたは何がほしい
ですか」、〜, please. は「〜をください」とい
う意味です。
a big red star は「1つの大きい赤い星形」と
いう意味です。

three blue triangles は「3つの青い三角形」と
いう意味です。
four green hearts は「4つの緑(みどり)のハート形」と
いう意味です。
five small orange circles は「5つの小さいだい
だい色の円」という意味です。

📢 **読まれた英語**

❶ (1) hat　(2) racket
　(3) T-shirt　(4) watch
❷ What do you want, Satoru?
　― A big red star, please.
　What do you want, Emi?
　― Three blue triangles, please.
　What do you want, Taku?
　― Four green hearts, please.
　What do you want, Saori?
　― Five small orange circles, please.

📓 **91** ページ **まとめのテスト**

❶ (1) long　(2) big
　(3) short　(4) old

❷ (1) What do you want?
　(2) I want a new bike.
　(3) Here you are.

📝 **てびき**　　❶ (1)「長い」は long、(2)「大きい」は
big、(3)「短(みじか)い」は short、(4)「古い」は old と
言います。
❷ (1)「あなたは何がほしいですか」は、What
do you want? と言います。
(2)「わたしは〜がほしいです」は、I want 〜. と
言います。
(3)「はい、どうぞ」とものをわたすときは、Here
you are. と言います。

9 相手についてたずねよう

96ページ 聞いて練習のワーク

❶ (1)○ (2)× (3)× (4)○
❷ (1)ア (2)エ (3)ウ (4)イ

てびき

❶ Are you ～? は「あなたは～です
か」という意味です。Yes, I am.（はい、そう
です）や No, I'm not.（いいえ、ちがいます）と
答えます。(1) tiger は「トラ」、(2) sheep は「ヒ
ツジ」、(3) dragon は「リュウ」、(4) mouse は
「ネズミ」という意味です。

❷ Who are you? は「あなたはだれですか」、
I'm ～. は「わたしは～です」という意味です。
(1) rabbit は「ウサギ」、(2) cow は「ウシ」、(3)
wild boar は「イノシシ」、(4) chicken は「ニワ
トリ」という意味です。

📢 **読まれた英語**

❶ (1) Are you a tiger? ― Yes, I am.
(2) Are you a sheep? ― No, I'm not.
(3) Are you a dragon? ― No, I'm not.
(4) Are you a mouse? ― Yes, I am.

❷ (1) Who are you? ― I'm a rabbit.
(2) Who are you? ― I'm a cow.
(3) Who are you? ― I'm a wild boar.
(4) Who are you? ― I'm a chicken.

97ページ まとめのテスト

1 (1) rabbit (2) cow
(3) chicken (4) mouse
(5) tiger

2 (1) Are (2) I am (3) Who (4) I'm

てびき

1 (1)「ウサギ」は rabbit、(2)「ウシ」
は cow、(3)「ニワトリ」は chicken、(4)「ネズ
ミ」は mouse、(5)「トラ」は tiger と言います。

2 (1)(2)「あなたは～ですか」は、Are you ～?
と言います。「はい、そうです」は、Yes, I
am. と言います。
(3)(4)「あなたはだれですか」は、Who are you?
と言います。「わたしは～です」は、I'm ～. と
言います。

98～99ページ リーディングレッスン

(1)イ
(2)リンゴ、2

てびき

(1)男の子の1つ目の発言に、I'm a
sales clerk at a fruit shop.（わたしはくだも
の屋さんの店員です）とあります。
(2)女の子の3つ目の発言に、Apples, please.
（リンゴをください）、4つ目の発言に、Two,
please.（2つください）とあります。

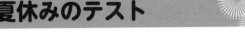

実力判定テスト　答えとてびき........................

夏休みのテスト

1 (1) ウ　(2) ア　(3) エ　(4) イ

2 (1) ウ　(2) イ　(3) ウ　(4) ア

3 (1) | meet |
(2) | Good |

(3) | from |
(4) | That's |

4 (1) | How are you? |

(2) | Is that a computer? |

(3) | What's this? |

てびき　**1** (1) chair は「いす」、(2) fish は「魚」、(3) flower は「花」、(4) eraser は「消しゴム」という意味です。

2 (1) What's your name? は「あなたの名前は何ですか」、My name is ～. は「わたしの名前は～です」という意味です。

(2) How are you? は「お元気ですか」、I'm ～. は「わたしは～です」という意味です。sad は「悲しい」、fine は「元気な」、hungry は「空腹な」という意味です。

(3) Is this your ～? は「これはあなたの～ですか」という意味です。Yes, it is. (はい、そうです) や No, it isn't. (いいえ、ちがいます) と答えます。book は「本」という意味です。

(4) What's that? は「あれは何ですか」、It's ～. は「それは～です」という意味です。elephant は「ゾウ」、dog は「イヌ」、monkey は「サル」という意味です。

3 (1)「はじめまして」は、Nice to meet you. と言います。

(2)「おはよう」は、Good morning. と言います。

(3)「わたしは～出身です」は、I'm from ～. と言います。

(4)「あれはわたしの～です」は That's my ～. や That is my ～. と言います。空所のあとに is がないので、that's をえらびます。

4 (1)「お元気ですか」は、How are you? と言います。

(2)「あれは～ですか」は、Is that ～? と言います。

(3)「これは何ですか」は、What's this? と言います。

🔊 読まれた英語

1 (1) chair　(2) fish
(3) flower　(4) eraser

2 (1) What's your name?
　ア　My name is Yuri.
　イ　My name is Emi.
　ウ　My name is Satomi.

(2) How are you?
　ア　I'm sad.
　イ　I'm fine.
　ウ　I'm hungry.

(3) Is this your umbrella, Mai?
　ア　I'm Mai.
　イ　It's a book.
　ウ　Yes, it is.

(4) What's that?
　ア　It's an elephant.
　イ　It's a dog.
　ウ　It's a monkey.

9

冬休みのテスト

1 (1) × (2) × (3) ○ (4) ○

2 (1) パン (2) 赤 (3) バレーボール
(4) ブドウ (5) ニンジン

3 (1) | don't | (2) | Do |

(3) | How | (4) | apples |

4 (1) | What food do you like? |

(2) | I like spaghetti. |

てびき　**1** (1) twelve は「12」、(2) cucumber は「キュウリ」、(3) ice cream は「アイスクリーム」、(4) three pens は「3本のペン」という意味です。

2 What food do you like? は「あなたはどんな食べものがすきですか」という意味です。
What color do you like? は「あなたは何色がすきですか」という意味です。
What sport do you like? は「あなたはどんなスポーツがすきですか」という意味です。
What fruit do you like? は「あなたはどんなくだものがすきですか」という意味です。
What vegetable do you like? は「あなたはどんなやさいがすきですか」という意味です。

3 (1)「わたしは～がすきではありません」は、I don't like ～. と言います。
(2)「あなたは～がすきですか」は、Do you like ～? と言います。
(3)「～はいくつですか」は、How many ～? と言います。
(4) あるものが2つか、それより多いときは、ことばのさいごに s などがついた形にします。apple は apples とします。

4 (1)「あなたはどんな食べものがすきですか」は、What food do you like? と言います。
(2)「わたしは～がすきです」は、I like ～. と言います。

読まれた英語

1 (1) twelve (2) cucumber
(3) ice cream (4) three pens

2 What food do you like, Emi?
— I like bread.
What color do you like?
— I like red.
What sport do you like?
— I like volleyball.
What fruit do you like?
— I like grapes.
What vegetable do you like?
— I like carrots.

学年末のテスト

1 (1) エ (2) イ (3) ウ (4) ア
2 (1) イ (2) ウ (3) ア (4) ア

3 (1) | Are | (2) | am |

(3) | Do | (4) | don't |

4 (1) | I want three lemons. |

(2) | I'm a lion. |

てびき

1 (1) umbrella は「かさ」、(2) eggplant は「ナス」、(3) rice ball は「おにぎり」、(4) crayon は「クレヨン」という意味です。

2 (1) What's this? は「これは何ですか」、It's ～. は「それは～です」という意味です。monkey は「サル」、bird は「鳥」、snake は「ヘビ」という意味です。

(2) What food do you like? は「あなたはどんな食べものがすきですか」、I like ～. は「わたしは～がすきです」という意味です。sandwiches は「サンドイッチ」、pizza は「ピザ」、hamburgers は「ハンバーガー」という意味です。

(3) What do you want? は「あなたは何がほしいですか」、I want ～. は「わたしは～がほしいです」という意味です。sweater は「セーター」、gloves は「グローブ、手ぶくろ」、watch は「うで時計」という意味です。

(4) Who are you? は「あなたはだれですか」、I'm ～. は「わたしは～です」という意味です。tiger は「トラ」、dog は「イヌ」、cat は「ネコ」という意味です。

3 (1)(2)「あなたは～ですか」は Are you ～?、「はい、そうです」は Yes, I am. と言います。

(3)(4)「あなたは～がすきですか」は Do you like ～?、「いいえ、すきではありません」は No, I don't. と言います。

4 (1) What do you want? は「あなたは何がほしいですか」という意味です。I want three lemons.（わたしはレモンが３つほしいです）をえらびます。

(2) Who are you? は「あなたはだれですか」という意味です。I'm a lion.（わたしはライオンです）をえらびます。

読まれた英語

1 (1) umbrella (2) eggplant
(3) rice ball (4) crayon

2 (1) What's this?
　ア It's a monkey.
　イ It's a bird.
　ウ It's a snake.
(2) What food do you like?
　ア I like sandwiches.
　イ I like pizza.
　ウ I like hamburgers.
(3) What do you want?
　ア I want a sweater.
　イ I want gloves.
　ウ I want a watch.
(4) Who are you?
　ア I'm a tiger.
　イ I'm a dog.
　ウ I'm a cat.

3 2 1 0 9 8 7 6 5 4

* * D C B A